AF609389

L'EMPIRE DES SARMATES AUJOURD'HUY ROYAUME DE POLOGNE

PAR

JOSEPH ALEXANDRE PRUSS
PRINCE DE JABLONOW ET LACHOWCE
JABLONOWSKI
COMTE DE ZAWALOW ET LISIANKA
BARON DE PODHORCE
GOUVERNEUR DE BUSK KORSUN
ET WOLPA.

Halle, chez Jean Chretien Hendel,
L'An 1742.

A SON ALTESSE
MONSEIGNEUR
LE PRINCE MICHEL DE RADZIWILL

DUC D'OLYKA ET NIESWIEZ
COMTE DE MIR
SEIGNEUR DE ZOLKIEW ET DE ZLOCZOW
CASTELLAN DE VILNA
GENERAL DES ARMEES DE LITVANIE
CHEVALIER DES ORDRES DE L'AIGLE BLANC
ET DE St. HUBERT, ETC.

MONSEIGNEUR

Les liens du ſang qui m'attachent à Vôtre Alteſſe, ſon goût pour la literature, ſa parfaite connoiſſance de nos annales m'obligent à Lui conſacrer cet ouvra-

ge.

ge. Vôtre Alteſſe y verra l'origine d'Une Nation où Elle ſoûtient dignement le poids d'un grand Nom que Lui ont transmis ſes Ayeux. Mon inclination toute ſeule auroit été d'ailleurs un motif aſſez fort pour m'y engager; rien n'eſt plus doux que de rendre quelque hommage public aux perſonnes qu'on aime & qu'on reſpecte ſincerement, ma façon de penſer me met dans cette heureuſe ſituation, puisqu'il eſt certain que je ſuis & que je ne ceſſerai jamais d'être avec tout le reſpect & l'amitié la plus tendre

MONSEIGNEUR

de Vôtre Alteſſe,

Le très humble & très obeiſſant ſerviteur,

Le C. Pruſs de Jablonowski.

AVANTPROPOS

Connoiſſance du païs dont on entreprend d'écrire l'hiſtoire & les qualités requiſes pour la rendre veritable.

Lorsque l'on veut connoître la ſituation, les coûtumes, les loix, & l'hiſtoire d'un Royaume ou de quelque autre païs, on doit avoir recours aux Gens du païs même. Il ſeroit trop dangereux de hazarder ſa croyance ſur le rapport des Etrangers, la diſtance des lieux les écarte du vrai, leur travail ne nous offre que des copies qui defigurent les originaux.

Je ne rapelle pas ici toutes les difficultés que l'on oppoſe à bien écrire l'hiſtoire, Entre autres principales, celle ne me paroit pas moins importante, que chaque langue, chaque Païs, ayant ſon accent different, il eſt de la derniere importance de lacher de la premiere bouche les noms propres au naturel, car il reſulte de là cette faute eſſentielle, que maintesfois moi-même en liſant l'hiſtoire de Pologne faite par les Etrangers, je trouve les paroles ſi j'oſe dire tellement masquées que leur transfiguration me donnoit à penſer des heures entieres, pour trouver l'application legitime des termes, or je donne à penſer ce qu'un Etranger aura de peine à ſe faire entendre trouvant deja le nom écorché & l' écorchant encore d'avantage.

Je ſçai l'hiſtoire de France aſſez bien par la connoiſſance des divers auteurs que l'on m'a fournis, je ne voudrois pas cependant étre temeraire jusqu'au point d'entrependre de l'écrire, ni même dans ma langue maternelle, mais plûtôt je me choiſirois un auteur de la premiere claſſe pour le traduire & le communiquer à mes Compatriotes. La gloire eſt bien plus grande d'exceller en traduction, lors qu'il s'y trouve la même portion d'eſprit qu'à l'Auteur pour rendre l'ouvrage dans toute ſa beauté, que d'entreprendre à faire un livre original, & vouloir ſe rendre celebre

bre ſans ſçavoir l'être, ceuxcy ont besoin de plus grande force d'eſprit pour travailler avec une application continuelle qui entraîne dans de reponſes ou de doutes à eclaircir, au lieu que les Traducteurs ne craignent rien, & ne s'enveloppent point dans un chaos perpetuel.

Il y a trop de monde aujourdhuy qui ſe laiſſent entrainer par la rage d'écrire pour gagner le titre d'Auteur. Ils choiſſent dans cet enthouſiasme le premier ſujet qu'ils rencontrent ſous leurs pas, ſans faire un examen ſcrupuleux de ſa qualité. Avouons quel'on peut étre leur aſſocié-à un trés vil prix, & s'attendre auſſi aux mêmes eloges qu'ils raportent. Ce défaut eſt ſi general que les Nouvelles gens de lettres ſont trés ambaraſſés du choix des Auteurs, parce que plus on écrit à preſent & moins nous avons de livres, j'apelle bons livres, que les mauvais enſeveliſſent dans leur multitude.

Venons preſentement à ce qui manque encore à bien écrire l'hiſtoire outre ce qu'il eſt eſſentiel d'étre bien inſtruit de celle que l'on entreprend d'aprendre, & de laiſſer aux autres.

La crainte, l'eſperance, l'amitié & la haine, c'eſt autant de défauts pour ceux qui ſont hiſtoriens, il faut étre denoué de de toutes les Passions comme poisons de la verité si l'on veut donner au jour une pure histoire, & une relation des faits naturelle, mais oú est le Personnage de ce caractere? c'est ou un Grand du Royaume, ou quelqu'un d'une trés basse condition, car le sentiment de Mr. le Roi dans son Introduction à l'histoire peut étre combattu, qui veut que ce soit les Princes mêmes qui se donnent la peine d'écrire l'histoire de leurs Etats; Supposons que la magnanimité de ces Princes n'affecte pas le style ordinaire des flatteries, mais j'ai de la peine à croire qu'ils disent du mal de leurs Péres, Ayeux, & Ancêtres. Or il est naturel de ne pas admettre cette opinion, outre qu'un Jules Cesar est rare aujourdhuy à trouver. Il seroit également difficile quand même il y auroit des Princes de ce goût, surtout pour les Monarques qui ont la supréme disposition des Affaires de leurs Etats comme attachée à leurs levres & à leurs mains, de quitter des choses actuelles & indispensables pour celles qui ne sont utilesque pour l'avenir.

Je dis qu'un Grand du Royaume est capable d'entreprendre le métier d'un historien, mais à quelque condition-près, c'est à dire qu'il ne doit rien postuler à la

Cour,

Cour, mais il faut qu'il ſoit dans un tel poſte, qu'il puiſſe ſe paſſer de dévenir plus riche ni plus puiſſant. Qu'il ne craigne pas de dire la verité, & de condamner ce qui eſt condamnable, qu'il loüe ce qui doit être loüé, ou bien que ce ſoit un homme de peu de conſequence, & dont la ſituation ſoit auſſi heureuſe, comme a jugé Mr. de Louvois de celui qui n'apas ôté ſon chapeau en paſſant devant lui. (c'eſt a dire qu'il n'aſpiroit à aucune de ſes graces) Un tel peut-être très capable de laiſſer quelque choſe de bon, ſoit en ſe procurant des Matereaux de divers endroits, & choiſſant les meilleurs, ou trouvant des faits qui ſe contrediſent & ſe détruiſent l'un par l'autre, il conclut avec la pluralité des Autheurs, qui avancent cette même circonſtance. Il faut disje que ce ſoit un homme, à qui les appas dubien & des honneurs ne ſoient pas connus, & par conſequent qu'il ne puiſſe pas aſpirer après une choſe dont la connoiſſance lui eſt entierement cachée. Mais Perſonne cependant n'oublie de mettre ſon nom ſur tout dans les ouvrages qui luy ont coûté des veilles, s'imaginant cette petite ſatisfaction être une certaine recompenſe d'un travail aſſidu qui l'a employé à l'ouvrage. Mais qui-

B con-

conque ſe fait connoître ainſi, & ſe donne pour Auteur au public, ne cherche t-il pas à expurger ſon livre tellement qu'au lieu d'étre reçu d'un chacun avec le meilleur ſuccés du monde comme il ſe flattoit, il court risque d'étre rebuté de la plûpart, en diſant des choſes odieuſes quoique veritables. C'eſt par là que dans les Etats Monarchiques les perſonnes pareilles ſont plus rares que dans les Republicains, qui en abondent, car beaucoup de Gens ſont très illuſtres dans le Royaume ſans qu'ils connoiſſent la Cour, & à plus forte raiſon la Cour ne les connoit pas, beaucoup de Gens ſont Philoſophes, & à qui leur façon d'écrire plait plus qu'autre choſe, & leur façon de parler de ce qu'ils penſent dans un païs libre, goût qu'ils ne changeroient pas pour aucun avantage; ceux on avoüera s'exercent journellement à ne pas cacher ce qui les choque, ils tombent de là dans une liberté de géner plûtôt que d'étre génés. Il en reſulte qu'une plume desintereſſée couche plus aiſément & plus ſouvent la verité ſans fard; Au reſte voulant faire goûter mon ſentiment à tout le monde, je n'admets pas une impoſſibilité inſurmontable pour les autres, de bien écrire l'hiſtoire, mais cela eſt trés difficile,

ſans

sans des conditions mentionneés, ou du moins si l'on veut me soûtenir le contraire, personne ne peut disputer que les maximes cy-dessus exposées ne soient autant d'avantages pour ceux qui les possedent; c'est de quoi je puis me vanter.

Je suis connu dans ma Patrie, j'ai du bien, j'ai une charge, je puis me passer d'en recher cher de plus hautes, la derniere revolution m'a fait oublier le plan de la Cour, donc j'en ai perdu l'ideé, chose à ce que je crois utile pour les dernieres remarques. Si nous remontons à la source de bien écrire l' histoire, je suis National, j'ai feuilleté tous les Auteurs de ma Patrie, les Etrangers ne me sont pas inconnus, j'ai aquis quelques connoissances nouvelles par ma propre application, je serois donc inexcusable de soufrir les fautes glissées dans l'histoire de Pologne, si je ne les reprenois pas, comme aussi de cacher aux curieux ce qui en a été ignoré jusqu' ici.

Je ne puis pourtant m'empécher de dire encore auparavant ce que je pense des Auteurs étrangers, de chacun en particulier. Pour les Allemans, ils sont accusés de l'animosité contre les Polonois, pas moins de la jalousie de beaux Privileges de Leurs libertez. Ils n'étalent que la vanité des bornes étenduës de leur Empire, ils ne disent jamais rien à leur désavantage, ils cherchent à redresser les plus mauvais passages de l'histoire, & ne parlent des autres qu'en les outrageant, il manque d'historiens pour les refuter, & accuser même d'imposteurs. Ils se garderoient bien de dédier quelque chose à Leurs souverains, qui ne fût pas de Leur gout, independamment de l'encens qu'ils leur donnent; & celui qui cherche à être loué & recompensé, cherche à flatter. Je sçai l'histoire de l'Empire Germanique aussi bien qu'une autre, mais comme hors d'oeuvre je n'ajoûte pas ici les remarques que j'ai faites pour la mieux retenir, & peut être un Alleman même n'y trouveroit pas des choses avancées legerement. Cependant je ne me hasarderais jamais pour cela de vouloir l'écrire, ni je ne conseillerois à aucun étranger de se laisser aller à cette trompeuse amorce.

Parmi les François il y a des Auteurs celebres, & des monumens immortels de leur genie, mais l'histoire de France a tant de divers Auteurs, que les excellens terrassent les mediocres, & se font d'abord connoître pour ce qu'ils sont, mais les mauvais ne laissent pas de faire

tort

tort à l'avenir aux bons Auteurs, les imprimeries & les boutiques en sont deja pleines; l'on écrit trop aujourd'hui en France, & l'usage de faire un livre y est si commun, que l'on mettra quelque-fois dans un Livre serieux une Chanson du pont neuf pour grossir le volume. Je demande pourquoi? la raison est, que les François n'aiment pas ordinairement le Latin, sans l'aide duquel, on ne peut pas meriter le nom d'un habile & entendu historien, c'est une langue qui n'est pas commune dans ce païslà, & même j'ose avancer que le nombre de ceux qui la parlent est si petit, que je ne crains pas assurément d'en ennuyer mon Lecteur. De l'autre côté il faut avouër, que ce petit nombre qui s'y est adonné sert de modele à mouler, si l'on vouloit faire le plus beau discours, & que l'on peut mettre au rang de Ciceron, comme Mr. de Fenelon, Mr. Rollin, &c.

Je ne m'amuserai pas à critiquer les ouvrages modernes de l'histoire de Pologne faite par les François, écrivant dans le même têms qu'eux, car naturellement l'on s'en raporte avec plus de confiance à une relation tirée de la source même d'où la chose émane, qu'à une traduction de la seconde ou troisieme co-

 pie

pie de quelque manuſcrit imparfait; je ne puis m'empêcher de nommer ici celle de Mr. l'Abbé Desfontaines, ſon grand talent ne m'eſt pas inconnu, j'admire ſon beau ſtyle, je fais cas de la Protection des Princes & des Princeſſes qu'il peut avoir, mais je ne puis pas lui ſçavoir bon gré de l'hiſtoire de mon païs, car outre ce qu'il a tiré de Longin Archêveque de Leopol, de Cromer, & du Comte Zaluski Evêque de Varmie, le reſte eſt à conteſter fortement. Mr. Maſſuet qui a fait le dernier recit du Regne d'Auguſte & de ſon Interregne, plaindra le têms qu'il à employé à le coucher par écrit, pour ſon eſprit, il a droit de mieux reüſſir en quelque autre choſe. Mais touchons au plus ancien qui eſt Mr. Audifret, comme à celui qui a traitté des premiers peuples, il n'a gueres mieux reüſſi que les deux premiers; c'eſt par là que nous commencerons auſſi, en aſſurant d'avancer les choſes avec plus de probabilité.

L'Em-

L'EMPIRE DES SARMATES AUJOURDHUY ROYAUME DE POLOGNE.

SECTION I.

ORIGINE ET PROGRES DE DIVERSES NATIONS ET PREMIERES DE LA POLOGNE.

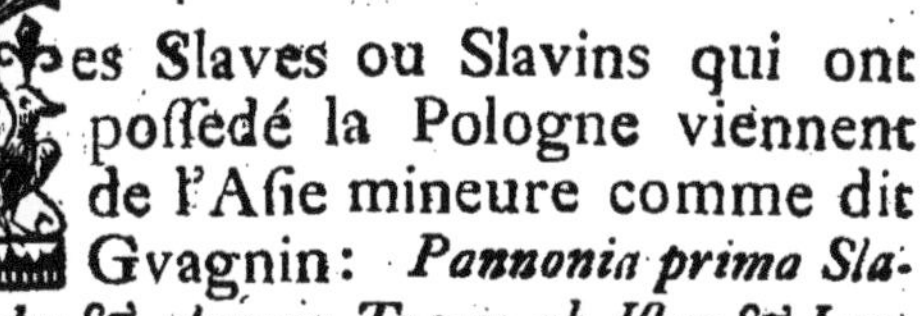

Les Slaves ou Slavins qui ont possédé la Pologne viennent de l'Asie mineure comme dit Gvagnin: *Pannonia prima Slavorum sedes & alumna Tracis ab Istro & Longobardis pulsis; Slaves vero Hunni.* Procope pe parle des Slaves du Regne de l'Empereur Justinien, *Slavoni gens Scythica Justiniani tempore in Illiricum irruere. Slavos autem inter eos fuisse qui post diluvium condendæ famosissimæ Turris Babel autores habentur, atque ibi dum linguæ confusæ sunt, Slavonos, id est verbosos appellatos, proprium idioma sumpsisse.* KRANZIUS *lib. IV.* Blondin du têms d'Honorius & Arcadius Empereurs Romains en fait mention, & tous les autres s'accordent, que depuis ils ont habité la Taurique, & ont été apellés Sarmates par les Grecs. Ils ont été belliqueux, je renvoye à Ovide qui parle d'eux dans une Elegie *Porta vix firmâ summovet arma sera.* Les Slaves & les Vandales sont sortis ensemble, sans étre une même nation, les Russiens, Rasciens, Roxy, ou Roxolans sont aussi comme une infinité d'autres sans faire un détail embrouillé, peuples de la Sarmatie, les premiers sont venus plusieurs fois en Dalmatie & Illirie faire des courses, & tantôt ils chassoient les Romains, tantôt ils en ont été chassés, n'ayant que le Danube & les montagnes à passer chez eux, mais ils se sont joint aux Vandales à cause des guerres & des miseres. Les Vandalites habitant vis à vis d'eux sur le Palus Meotides sont venus jusqu'à la vistule

ſtule & ont apellé ce fleuve Vandale du Nom d'un de leurs anciens Princes, c'eſt à dire chef, ou bien de cette autre fabuleuſe Genealogie qui dit que Japhet Fils de Noë a eu Javan, celui Philare, celuy-ci Alan, lequel a eu Anchiſe & laiſſa Enée, qui a eu Aſcan, & celuici a eu Pampilius, duquel eſt venu Reaſiliné & de lui un autre Alan qui eſt venu d'Aſie en Europe, où il a eu un Fils Vandale. Les Slaves ont remplacé les Vandales après leur migration quand ils ont été faire des courſes, comme premierement ils ſont venus demeurer ſur le Danube quand les Huns ravagçoient l'Allemagne & l'Italie. Ces Slaves premiers peuples de la Pologne portant auſſi le nom d'Herictes ſelon pluſieurs auteurs ont chaſſé les Sveves, les Marſingues, les Gottins, les Oſſes, les Buries, Gottons, Rugiens (de ceuxci ſont iſſusles Lombards) tous ces peuples ſe joignirent ſous leur Roi Taeteus avec Attila Roi des Huns pour la conquête d'Italie. Les Venedes étoient auſſi une partie du peuple Sarmate occupant l'embouchûre de la Viſtule. Ils avoient le nom d'une ville qu'ills ont bâtie, où eſt Camin ville de la Pomeranie Orientale ſur l'Oder. Bref, il ſe peut que les Vandales ſoient un peuple de la Sarmatie Aſiatique mais different des Venedes qui ſont Slaves, & qui ſe ſont mis en poſſeſſion de leur Païs, les Vandales ayant laiſſé les peuples qui n'étoient pas propres à la guerre, tandis qu'eux pilloient d'autres Regions, les Slaves incomodoient auſſi les Romains, mais bien avant les premiers.

SECTI-

SECTION II.

DISSERTATION SUR LES NOMS DES NATIONS DU NORD.

Ceux qui prétendent voir clairement dans les têms obſcures & antiquité reculée en impoſent beaucoup aux Gens credules ſur les apparences qui leur ſuppoſent, mais pour ne pas croire tout a fait les decouvertes que les Gens ſubtils font avec quelque choſe qui les autoriſe, le travail aſſidu peut tirer du fruit de ſes peines ce qu'un Eſprit groſſier & genie peu élevé & abrouti par une longue indolence n'a ſçu decouvrir.

Il y a eu certainement des fautes de la derniere importance redreſſées dans pluſieurs ſciences, on les a même enrichies de beaucoup de termes, & l'on a facilité ceux qui indiquoient la choſe, mais qu' ils ne la developpoient point, tant de nouvelles penſées nous ont raproché de pluſieurs matieres abſtraites, & l'on a aplani les doutes & les difficultés que l'on eſſuyoit dans les principes. Moi-même en liſant l'hiſtoire je me ſuis trouvé embarassé à debrouïller la difference des Nations & des Paroles qui se ressemblent, cela me faisoit oublier ce que je lisois, & embrouïlloit mes idées. Voici pourquoi j'ai etudié à connoître le douteux, à demêler le vrai, & à le distinguer le plus simplement.

Tant d'Auteurs qui ont écrit des Vandales ont toûjours pris ou les Vandales pour les Venedes ou les Venedes pour les Vandales, ou ils ont dit ces deux Nations en étre une même pour la ressemblance des Noms. Paul Diacre fait descendre les Germains des Gots, Vandales, Ruges, & Herules, ce même dit venir d'au de là de Danube de la Hyperborée, quatre principales nations, c'est à dire les Gots, Visigots, les Gepides & Vandales, sans aucune difference ni dans leur langue ni dans leurs meurs.

Longin dit sur bien d'autres preuves: *Tertius autem Alani Filius Negno quatuor Filios habuit quorum nomina hæc sunt, Vandalus à quo Vandali non Poloni dicuntur &c.*

Les Slaves ont été chassés par les Huns, car Attila Roi de cette Nation avec son Frere Blede l'an 442. étant venu avec des grandes forces dans l'Illirie, ils se dissiperent. Ceux là mêmes mirent des bornes à la puissance des Gots, car The-

Theodoric a été obligé de promettre de leur payer plusieurs sommes d'or avant son armée occupée de la guerre Sicilienne. *A Gottis Germani; Theodoricus Rex Gottorum per Bulgariam & Pannoniam ingressus in Italiam ao. 509. Odoacer Princeps Rutenorum ab eo victus & occisus.* DLUGOS.

Mais il faut dire en passant ici que la nation Sarmatique fut très vaste, je ne veux pas repeter son étenduë, car chaque Auteur l'a marquée. Lechus même avoit deja jetté les fondemens de son Royaume, tandis que les Lombards sous le Roi Alboin se mirent en possession de l'Italie, avec les quels étoient les Sarmates, les Sveves & les Bulgars, ce qui se peut lire chez Paul Diacre *Liv. 2. Chap. 6.*

Les Vandales & les Slaves étant sortis ensemble, les premiers habitans au tour de Palus Meotide & étant venus vers l'endroit où est la Pologne sur le rivage de la Vistule, ils ne s'accommoderent pas encore de ce païs, ils ont continué leurs courses en Germanie, & de là en France. Les seconds ont habité au de là du Danube c'est à dire entre le Tyras, aujourdhuy Dniestr, & le Danube autre-fois Ister, & trouvant cet espace de terre trop resserré ils ont rempli comme nous dirons plus bas la moitié de l'Europe, aufſi bien que l'endroit abandonné des Vandales, mais ils ne ſont pas pour cela d'une même nation, car ils demeuroient ſeulement comme Voiſins l'un de l'autre, la langue & leurs moeurs ſont aſſez differentes, & non pas comme les Gots avec les Vandales, Teutons & Germains qui ont une même langue, Pline au Liv. 4. Chap. 12. ſemble l'appuyer, quand il dit *Slavi quidem Germani certè non ſunt, ſed ab iis Viſtulâ flumine ad ortum vergente antiquitùs dirimuntur.* Voici bien la raiſon pour laquelle les Vandales avec les Sarmates ont tant de rapport ſans être une même nation, car etant voiſins ils firent des Alliances frequentes. *Marcommanicum bellum, Quadi, Vandali, Sarmatæ, Peuci, & omnis barbaria convenerat.* EUTROPIUS *Lib. VII C. 6. pag. 202.* Cela fit naturellement un grand mélange dans la langue Sarmate. Cela mêla les Coutumes d'un païs avec celles de l'autre, l'on prétend même qu'àprès leur migration il reſta beaucoup de gens impropres à la guerre, ainſi c'eſt une Epoque certaine que le Païs d'Entre l'Elbe & la Viſtule demeura aux Sarmates Slaves, & en même tems ceſſa de ſervir de bornes à la Germanie, que l'on étend quelque-fois ſans fondement jusqu'à la Viſtule.

Ce

Ce que je viens de dire, Gvagnin le confirme ainſi. Après les Vandales il eſt venu une autre nation de la Sarmatie mais Aſiatique, ſcavoir les Roxolans ou Ruſſes, Volgars ou Volhyniens venant de la riviere de Volga ou Veliga, c'eſt à dire, grande, qui eſt apellée par Ptolomée RHA, parlant le Slavon, ils ont auparavant habité le païs vis à vis la Taurique & la Taurique même, & ſous Chrun leur chef ils ont penetré jusqu'en Trace, ils ont nui à pluſieurs Empereurs d'Orient, & à Adrinople ils en ont tué deux Nicephore & Michel. Gvagnin y ajoûte même, qu'ils buvoient dans leurs Cranes, ils ont nommé enſuite la Myſſie de leur Nom Bulgarie, ou Volgarie, de là ils ſe ſont repandus, & ont rempli d'autres païs de leurs Colonies, comme la Volhinie, Podolie, Podleſie, Maſovie, & partie de la Litvanie, où ils ſe ſont maintenus à la verité jusqu'à preſent. Apollonius dans ſes vers fait mention de deux peuples Sarmates: *Henetorum & Principis Moſchorum, unde & Colchica & Moſchica hiſtoria ad Sarmaticum nomen refertur. Imo Colchis plures Coloniæ deductæ ſunt in Regiones Sarmaticas v. n. 30.*

Cette même nation Sarmate n'a commencé à être connuë en Illirie ſous le nom

nom de Slaves qu'au Regne de Iustinien, mais depuis, les Historiens en font des frequentes & belles mentions. Procope au Liv. III. en est plein.

Saxo Grammaticus dit aussi les Vandales & les Venedes étre la même chose sans difference, cependant il y en a infiniment à faire, car les Vandales sont peuple de la Germanie, & les Venedes originaires de la Sarmatie, les premiers habitoient au tour de l'Elbe & au de là, les seconds avoient le Païs de la Prusse. Le Commentateur de Tacite dit: *Venedi antiquissimi & Henedi appellarunt alii Venetos & Venitos.* Helmolde & ses Contemporains *Vinulos*, mais la confusion vient de ce qu'ils ont habité le même païs, & qu'ils ont été en partie mélés après. Voila ce qui les a fait dire une même Nation. Ne lisez pas Veneti pour Venedi, ou les Cimmeriens pour les Cimbres comme bien des Auteurs s'y sont mépris. Je ne fais pas infiniment cas d'anciennes Etimologies, mais étant comme de coûtume de commencer à en emmener plusieurs, en voici une de plus fondamentales.

C'est une belle question si les Cimmeriens d'Homere & les Cimbres de Romains sont un même peuple, il y a lieu d'end'en douter, à cause de la distance des lieux; les uns étoient près du Pont Euxin & les autres près de l'Ocean Germanique. La migration des uns ou des autres n'est pas impossible, mais il semble qu'elle n'est pas assez vraysemblable, quoiqu'il y ait des anciens auteurs Grecs qui ont pris ces deux Peuples pour un même, comme l'assure LE SCAVANT LEIBNITZ trompé peut être par la ressemblance des noms, c'est comme ceux qui ont fait venir les sapons des Saces, & les Daces de Dakes, & surtout, comme ceux qui ont confondu les Gettes avec les Gots que je crois être tout differens.

C'est encore un plus grand abus de croire, que les Vandales viennent des Gots, car Gvagnin & Bomphinius disent, que les Vandales ayant quitté la Vistule s'étoient établis dans la Pannonie, d'où ils ont été chassés par les Gots, or comment une même Nation se détruiroit-elle l'une l'autre dans un païs Ennemi? il n'est pas naturel d'y vouloir combattre avec ses Compatriotes, ayant en vuë des conquêtes & un puissant Ennemi à dos. Ils se firent aussi la guerre dans le 4me Siecle entre la France & l'Espagne comme l'a marqué BARONIUS en parlant de la Scythie.

Les Vandales ſont les peuples comme j'ai deja dit qui habitoient au delà de la Taurique, & qui les premiers & bien avant les autres ont quitté leur païs à cauſe de la quantité du monde qu'il contenoit alors tout petit qu'il étoit, & à cauſe de la diſette comme BARONIUS. Vóici encore d'autres eclairciſſemens làdeſſus.

Les Venedes & les Vendeles ſont la même choſe, il n'y a que l'accent different de pluſieurs langues qui a fait naître l'Equivoque, peuple qui depuis la Viſtule apellée de leur nom ou eux apellés du nom du Fleuve Vandalus demeuroient jusqu'à ſon Embouchure.

Auſſi les Slaves & les Slavons ne ſont qu'une même nation, quoique les premiers occupaſſent la côte de la Mer Sarmatique, & les autres celle de la Mer Adriatique, & ce ſont ces Slaves ou Eſclavons Nation de l'Illirie à la tête de la quelle eſt venu Lechus un des chefs, dont il ſera traitté plus bas. La ſignification Italienne lui a inventé ce troiſieme & different nom qui eſt Eſclavon, car voulant dire en Latin ou en Italien *e Sclavonia* on dit *ex Sclavonia*, ce que en François deroge à l'honneur de la nation, l'appellant Eſclave, c'eſt a dire Serf, nom venu

venu de la Servitude, qu'on ne ſçauroit impoſer à ce peuple.

Quand à la Nation des Sveves, c'eſt tout à fait autre choſe, les Sveves partie de la Nation apellée Vindilles ou Vendelles renfermoient les Burgundions, les Gottons, les Rugiens, les Lemoviens, les Semnons, Sidniens, les Cariniens, c'eſt ce peuple qui a vu les Alpes & les Pirenées. Les Gets ſont differens des Gots; Gottons, Gittons, Guttons, ſont la même choſe, mais non pas les Gottiniens. Si l'on a quelque raiſon de confondre les Gots avec les Gets, il faut du moins diſtinguer, que les Gettes reſterent dans leur païs bien plus longtems que les Gots, je puis avancer ſur ce qu'Ovide nous dit qu'ils étoient *Daci*, mais je ne les crois pas étre iſſus des Gots.

Et puis que je ſuis entré en détail des ſignifications de la reſſemblance des noms, voici encore une affaire qui embaraſſe les Lecteurs commençans à lire l'hiſtoire, lors qu'ils y entendent parler de la Gaule & de la Gottie, cet embarras vient de ce qu'il y a quelques auteurs qui font ſortir les Gottiniens de la Gaule, & les Gittons de la Pruſſe Royale. Les Celtes ſont auſſi confondus aſſez avec les Gaulois.

Cromer Evêque de Varmie dit *pag. 3. lib. 1. Pannoniam quoque Galli, deinde Gotti, Sarmatæ, invicem ſibi ſuccedentes invaſerunt, nec tamen hi omnes populi iidem ſunt, aut eandem habent originem.* On peut confondre auſſi & avec quelque raiſon même plus grande, les Sarmates avec les Celtes, car il n'eſt pas decidé de quelle nation furent les Baſtarnes qui habitoient ſur les bords du Danube du côté de la Pologne, & bien d'autres nations qui habitoient l'Illirie, pour moi je ſerois porté à les croire Sauro-Celtes.

Mais les Gots ou Gottons ou Gepides ſont une même nation, qui habitoit le Palus Meotide avec les Alains qui cederent leur Païs aux Huns, avec cette difference entre Gots & Gepides, que dans le têms de leur Migration ils ſortirent plus tard que les Gots, Gepides, eſt un mot qui veut dire en leur langue pareſſeux. Le ſentiment de Mr. Audiferet eſt bon en ce qu'il dit que quantité de paroles Gotiques ſont les paroles de la langue Sarmate. Ainſi la Sarmatie par cette même preuve eſt double comme on l'a diviſée en Aſiatique & Europeénne, c'eſt de quoi nous parlerons après. Il a été de même avec les noms des Fleu-

Fleuves qui ne sont pas moins confondus, comme le BUG qui est l'ancien *Axiaces* & qui traversant le Palatinat de Brzesc' tombe dans la Vistule, avec le BOCH qui est l'ancien HIPPANIS & qui se perd à l'opposé du premier dans le Pont Euxin.

Burgundions, anciennement Mugillions sous les quels étoient les Cariniens, & Bourguignons d'aujourdhui ne font aucun équivoque, c'est le Duché de Bourgogne appanage des Fils de France. D'autres le regardent même comme un Royaume, ce peuple habitoit autrefois la contrée où est le Palatinat de Posne & de Calisس, mais ils ont été entrainés par les Vandales comme ci-dessus pour conquerir des Etats plus amples, & ils se sont emparés du Païs des Allemans.

Comme les Cimbres de Dannemark ont fait l'irruption par la France en Italie sous le Roi Bolus, & que les Gets ou Gots sous Alaric, favorisés par Stilicon ont ravagé la France, & l'Italie, les Huns peuple de Sarmates sous Attila & son Fils Densilus & Blede son Frere envahirent la Pannonie, & mirent la terreur en France & en Italie, les Vandales

l'An 375.
Orof. liv. 5. cap. 37.
l'An 450.
l'An 428.
Procope liv. I.

Munczuch Brede, Attila & Bleda Freres, & Chefs des Huns, Sicules, qui en leur langue veut dire les restans des Huns.

l'An 550.

& les Sveves de la partie Occidentale de la Pologne sous Genseric subjuguerent la Gaule, & penetrerent jusqu'en Afrique par l'Espagne. Les Francs sous Childeric firent la conquête de la Gaule l'An 451. Les Lombards sous Alboin entrerent en Pannonie l'An 570. & puis regnerent en Italie jusqu'à Charlemagne ; Alors les Slaves sous Lechus & son Frere Cechus, soit qu'ils aïent aussi abandonné leur païs à quelque autre Nation, soit qu'ils aïent trouvé libre celui où ils se sont transportés, s'étant avancés vers la Dace dans la Pannonie, en passant le Danube, s'emparerent premierement de l'Illirie, & puis après l'intervalle de quelque tems ils sont venus en Pologne, où ils s'établirent pour les confins les monts Sarmates au Midi, la Mer Sarmatique au Nord, les Fleuve Albis au Couchant, & le Tanais à l'Orient, car bien qu'ils eussent trouvé ce païs déjà peuplé, il ne l'a été que des Gens de leur même Nation.

Et pour mieux éclaircir les établissemens des differentes nations, j'en ai fait un recueïl, tiré de plusieurs Auteurs classiques, & après l'avoir mis en ordre par Epoques je juge à propos de le placer ici pour satisfaire la curiosité de mon Lecteur:

Les

Les Gaulois commencerent à demembrer l'Empire des Romains.	l'An 395.
Gundicaire a fondé le Royaume des Bourguignons.	l'An 406.
Alaric a fondé le Royaume des Gots en Italie.	l'An 410.
Atulphe a fondé les Gots en Espagne.	l'An 411.
Hermeric a fondé les Sveves en Espagne.	l'An 411.
Attila a fondé les Allains en Pannonie.	l'An 411
Les Venitiens firent leur établissement.	l'An 424
Les Saxons & les Anglois s'établirent en Grande Brétagne.	l'An 425
Genseric a fondé les Vandales en Afrique.	l'An 428
Odoacre a fondé les Herules.	l'An 475.
Theodoric ramêna les Gots en Italie.	l'An 493.
Czech a fondé les Bohemiens.	l'An 544.
Lech a fondé les Polonois.	l'An 550.
Alboin a fondé les Lombards.	l'An 568.

SECTI-

SECTION III.

MIGRATIONS DES NATIONS DE LA POLOGNE.

Les Sarmates ou Sauromates Européens descendus d'Ascenor habitoient le païs de l'embouchûre de Don ou de Tanais, où est aujourd'hui Asoph, place, queles Russes avec les Turcs s'arrachent reciproquement. Le long de la Meotide fut aussi peuplé par cette nation où les Tartares du Grand Nagay demeurent presentement. Les Auteurs disent generalement, qu'ils ont quitté cette contrée par rapport à ce qu'elle a été trop peuplée. Il n'y a pas d'autre raison chez eux même de l'invasion de Gots. Pour moy je ne me suis pas contenté de cette vulgaire opinion, & je decouvre que comme le tems de cette migration n'est marqué nullepart, il n' a pu être que lors que Cyrus Roy de Perses avoit affaire à eux, ce qui est une chose comme prouvée, alors ils ont pu ceder à sa bonne fortune, ou bien comme Guagnin dit:

Longin.

„ Alia-

„Aliate Roy de Lydie chaſſa les Sarmates.„ *Sabellicus & Herodote.* & ſi cela arriva plus tard, ce fut lorsque Alexandre a porté ſes Armes victorieuſes dans ces cantons là, & dans tout l'univers alors connu, indubitablement il les en a pu chaſſer, quand il vainquit ſimprus Roi de Tribates & de Gettes. Ptolomée marque dans ce même endroit précíſement LES AUTELS D'ALEXANDRE, preuve qu'il y a été, & qu' il y a été en vainqueur, en rendant graces aux Dieux. Les monumens de cette verité ont été trouvés par l'Armée du Grand Duc de Moſcovie l'An 1685. Nos Envoyés Polonois auprès du Kam nous ont rapporté des relations très circonſtanciées d'une infinité de monumens Grecs très anciens dans pluſieurs villes de la Crimée ou ancienne Taurique, où eſt Sarikermen aujourdhui & anciennement Corſonium, où l'on voit les maſures d'une porte bâtie par de Princes Grecs. On voit auſſi à Balidavel deux chateaux des Princes Grecs. Pline & Alexandre Geographes nous marquent les courſes d'Achille à l'embouchûre de la ville Nigropoli ſur une Ile voiſine aujourdhui apellée Kalenczak. Or on voit que ce Païs n'a jamais été à l'abri des Courſes des Grecs.

E MIE-

MIECHOVITE dit *pag 24. Deos Græcorum colebant quià non multum ab iis distabant.*

La raison de Procope qui dit que ces Nations ont quitté leur Patrie à cause de la famine, est trés bonne, car cela se pratique encore aujourdhuy dans la grande Pologne, où les habitans quittent leurs cantons pour chercher de terres plus fertiles, comme le sont la Podolie & Volhinie.

Mais sans étre absolument chassés comme j'ai dit cy dessus, une partie a preferé d'autres païs plus étendüs, remplis d'excellent gibier, peu gardés, & à l'exemple de leurs voisins Slaves qui demeuroient sur les rives du Danube, ils ont fait de Courses, & se sont tenus au païs qui leur convenoit le mieux, car plusieurs sont restés à leurs foyers, d'où viennent aujourdhuy les Cosaques, Calmuques, Tartares & tous ceux qui parlent l'Esclavon dans ces Climats.

Une partie donc de cette Nation de Sarmates ne s'est arrêtée que sur les bords de la Vistule, apellée Vandale, ils y ont trouvé les Teutons, (apparemment c'est ce qui fait dire à KRANZIUS qu'ils ont été peuple de la Germanie, ce qui est sans fondement.) Ils ne pouvoient pas s'accommoder longtems avec les Teutons,

tons, & ont passé ce fleuve, ayant été apellés Vandales par les habitans d'endeça ce fleuve, car ils venoient du côté de ce fleuve s'étendant vers l'Elbe. Ces Barbares furieux se sont jettés d'abord dans l'ancienne Pannonie, par consequent Croatie, Illirie, Provinces de la Pannonie, ils se sont avancés jusqu'à Constantinople, d'où ils ont été obligés de sortir, car ce païs a été trés ruiné alors par l'invasion des Gots, & ils se sont transportés en Italie, en Espagne & en Afrique, à la tête desquels étoit Stilicon, comme cy-dessus. Ils y ont été suivant l'ordre de la fortune alternativement vainqueurs & vaincus. Après quoi une partie de leur Armée deroutée est revenuë par la Pannonie dans leur Patrie, d'où ils étoient sortis, ils sont retournés habiter la côte de la Vistule, laissant quelque monde dans la Pannonie en passant. *Anno Gratiani 381. Ex Polonia Vandalos exeuntes regebat Godigisillus, hi a Gottis pulsi circa Danubium commorarunt, sed & ex his oris Giberitbus Rex Gottorum inde victos exturbavit, & ad hoc coegit ut Romano Imperio se se subjicientes à Constantino Magno locum habitandi sibi postularent, & Pannoniam sibi datam 40. annos inhabitarunt. Anno vero 398. Instinctu Stiliconis evocati juncti cum Alanis Galliam mi-*

miserrime dilacerarunt, sed & indè illos expellebant Gotti, ex hac ratione Vandali in Hispaniam abierunt, sed videndo Honorius illorum rabiem, Galliam & Hispaniam quas sibi à Vandalis præreptas dolebat Gottis donavit, sed grata eis felicitate per Bonifacium Ducem Romanorum in Lybiam & Africam evocati Vandali. MIECHOVITA.

C'eſt de la Scythie que ſont echu les trois vaillantes nations qui ſe ſaiſirent de l'Europe presque entiere & d'une partie de deux autres continens: Sçavoir les Gots, les Sarmates, & les Celtes, les premiers occuperent la Scandinavie & d'autres Provinces après, & dont je crois malgré quelques auteurs deſcendre la Litvanie, particulierement de ces Gots qui ont debarqué ſur la Côte de la Mer Baltique avec les Longobards, ce qui eſt probable par la conformité de quelques paroles Longobardiennes, mais c'eſt une matiere hors de mon propos. Les autres remplirent cette vaſte étenduë du païs depuis le Don ou Tanaïs jusqu'à l'Elbe, & depuis la Mer Baltique jusqu' aux mons de Hongrie. Les derniers ſe jetterent ſur la ſuiſſe, l'Italie, la France & la Bretagne. Beroſus apuye notre opinion en diſant: *Riphæi Sarmatæ vocantur ubi nunc Moſcovia. Qui Germanis permiſti erant, vant, illi Rheni Sarmatæ dicuntur. Qui in meditullio habitant illi absolutè Sarmatæ vocantur.*

Quant aux Vandales ils ſe ſont joints aux Venedis étant opprimés parles Gots, ils ont fait une excurſion memorable; nation qui eſt venüe de la Scythie dit Longin *è Scythia, Gotti, Suevi, Alani & Hunni*, remontant même à des opinions obſcures & peu fondées, les Auteurs diſent Lechus chef de la droite ligne des Princes Slaves, iſſus du peuple de la Sarmatie avec ſon Frére Cechus, occupant alors l'Illirie près les chateaux Pſary & de Crapine *ad Flumen Gui in Croatia Turcica;* la Capitale de la Slavonie fut nommée *Potſega*, ceque je croirois étre *Potega* qui veut dire Vaillance. Cauſe de la migration de leurs Ancêtres fut telle. *E Pannonia ob ſciſſiones varias hic venit Lechus.* DLUGOS. Les Romains ayant conquis la Dace après la défaite de Decembal ſon Roi, & poſſedant une province trés peuplée ſur la Mer Mediterranée apellée Volsques, ils en tirerent de Colonies, &les envoyérent dans leurs Conquêtes, qui furent nommées par les anciens habitans ſuivant l'accent Slavon *Volosques*, l'on aperçoit encore mieux cette verité par le latin corrompu ou l'

Italien que ce peuple mêle avec le Slavon, peuple qui autrefois occupoit la Dace, & qui opprimé & resserré fut obligé de ceder aux progrès d'une armée victorieuse, & quitter sa Patrie pour trouver de plus foibles. De là vient que l'on admet les opinions les plus grotesques & faites à plaisir, on les aprofondit à son gré, & on les fait valoir de son mieux, en voici une: La Valachie disent-ils se nomme du Consul Flaccus qui la subjugua, & la rendit tributaire à la Republique de Rome, & ensuite au lieu de Flaccia elle fut dite Valachia; n'est ce pas là une Etimologie faite à plaisir? car il n'y a rien de plus certain que, quand la Dace fut subjuguée par l'Armée des Descendans des Troyens, aux quels elle fût jadis tributaire, on envoya comme nous venons de dire de Gens de la Province de Volsques qui furent ensuité nommés Voloques.

Les Nations Slaves & Venedes, comme les Roxolans & Bulgars sont peuples de la Sarmatie, partie Européenne & partie Asiatique, qui sont sorties en differentes epoques, & se sont succedées l'une à l'autre Tacite dit: ***Roxolani, Sarmatica Gens vel humido die, vel soluto gelu Romanis graves in Mæsia.***

Je

Je ne les dis pas pour cela une même nation, mais je les dis reunis comme Celenus dit aussi: *Vindarum, hoc est Venedorum populosæ nationes principaliter Slavi & Antei nominantur, & Fennorum nationes Finnonia vel Pannonia Gens è Scythia*, c'est à dire de la Sarmatie Asiatique, *Germanis an Sarmatis adscribam dubito, Procerum connubiis mixtis, nonnihil in Sarmatarum habitu fœdantur.* Il est aussi dit autre part, qu' après l'irruption fameuse les Vandales sont revenus dans leurs premiers foyers, & il y en a eu d'autres qui y étoient restés tant par l'age avancé, que par l'incapacité de faire la guerre, voici ce qui a fait faire des Alliances des nations cydessus. Albert CRANZIUS dit aussi: *Slavos regionem suam ab omni memoria ad Sarmaticos campos tenuisse, & cum angustæ eis sedes in Polonia, Moravia & Prussia fuerint, novas in Pannonia à Constantino Magno Imperatore eos impetrasse, indeque imperante Mauritio in Dalmatiam & Illirium profectos esse.*

Je conclus malgré l'opinion des Auteurs Allemans & plusieurs François, qu' ayant une-fois etabli que les Gots ou Joths sont peuple de la Scythie, cela faisoit de tout tems diverses nations, Goths, & Sarmates, ou Slaves leurs successeurs. On le voit clairement dans le vers

vers d'Ovide qui dit: *Nam didici Gettè, Sarmaticèque loqui.* Il ſe vente de ſçavoir deux langues comme differentes l'une de l'autre, & qu'il auroit apriſes l' une après l'autre. Sarnicki dit: *Ovidius Tomîs (urbs erat non procùl ab Inſula Paucen, in ipſis oſtiis Iſtri) exulabat, ubi Sarmatæ & Gethæ incoluere.* Nous ne manquons pas de diſtinguer auſſi leurs habillemens, coûtumes & demeures. Les Gettes étoient Celtes, les Vandales doivent deſcendre des Celtes, & des Vandales les Allemands, car leur langue vient de celle des Celtes, & celle des Sarmates eſt entierement differente & plus ancienne.

Les Sarmates avec les Celtes partagerent la Scythie, mais les Sarmates furent bien plus ſuperieurs en nations & peuples puiſſans, une partie de l'Aſie fut en leur poſſeſſion, comme j'ai deja dit qu'il y a eu des Sarmates Européens & Aſiatiques ſeparés par le Tanais ou Don.

POMPONIUS MELA lib. I. C. 19. *Sauromatæ Tanais ripp:s hærentia poſſident,* & lib. II. C. 1. *Meotida Agathyrſi & Sauromatæ ambiunt.*

SECTI-

SECTION IV.

DE LA VALEUR DES SARMATES DE LEURS MOEURS ET COUTUMES.

'An 375. Les Sarmates avec les Quades passerent le Danube & ravagerent le païs en deça, au point que Valentinien Empereur fut obligé de quitter toute autre entreprise pour porter obstacle à leurs progrès, & en parlant avec violence aux Ambassadeurs de ces peuples, la choux le prit d'une telle force, qu'il s'est cassé une veine dans la poitrine, & il en mourut. Les Ambassadeurs témoins de cette catastrophe retournerent bientôt signifier aux siens le désordre qui regnoit dans l'Empire, & joints aux Quades ils sçurent bien profiter de cette conjoncture favorable.

L'An 376. Leurs Conquêtes en Pannonie furent encore bien plus rapides, car ils s'avancerent vers l'Illirie & la Dalmatie, les Huns & les Alans avec d'autres peuples de la Scythie firent alors l'irruption en Pannonie pour dompter Skarga pag. 330.

les

les Sarmates, & ils s'emparerent du païs. C'eſt cette Invaſion qui donna le nom de la Hongrie à ce Royaume. Ce peuple eſt venu du côté du Fleuve Volga, il a paſſé à la nage celui de Tanais, & a traverſé la Volhynie & la Podolie, où pluſieurs familles ſont reſtées à cauſe de la beauté du païs, & ont enſuite contracté des mariages, ce même peuple a gagné une grande bataille contre les Gots qui lui diſputoient le paſſage du Dnieſtr, & s'eſt frayé ainſi le chemin par les monts de la Dace (aujourdhui Tranſylvanie) à la conquête du Royaume de Hongrie & à tant d'autres enſuite.

Procope au Liv. III. dit, que les Slaves furent ſi fors & ſi vaillans, qu'ils oſerent s'aprocher jusqu'aux portes de Conſtantinople.

Le ſentiment de Mr. Muret n'eſt pas moins flatteux, qui décrivant les premiers Polonois dit, *homines feroces & animoſi non facile periculis terrentur*, & Mr. Marſelier parlant de leur courage ajoûte, *ſæpe illis audacia ſtat pro viribus*, mais laiſſant les premiers pour un inſtant, desquels Scythes parle Mr. le Du-Pin vers le Regne de Valerien? je raporte ſes propres paroles „d'autres Scythes animés par l'eſperance „du gain paſſerent le Danube ſur les gla-„ces,

ces, vinrent jusqu'à Byzance & ayant„ trouvé des barques des pêcheurs, mon-„ terent dessus pour passer à Calcedoine,„ entrerent sans resistance dans cette Vil-„ le, la prirent, & étant ensuite passés en„ Bythinie ils pillerent Nicée, Apamée &„ plusieurs autres villes de ce païs, brûle-„ rent Nicée & Nicomedie, & s'en retour-„ nerent avec beaucoup de vaisseaux, &„ plusieurs chariots chargés de butin„ peu de têms après ceux-mêmes vinrent„ fondre sur l'Illirie (Epoque qui peut servir d'eclaircissement du têms au-quel l'Illirie fût otée aux Romains & possedée par les Gens du Nord) ménacerent la ville de Rome. *Eutropius sub Imperatore Gallieno*, dit, *a Sarmatis Pannonia populata est*, lors qu'ils passérent de leur premier nid en Hongrie l'An 264. C'est la premiere migration de ce peuple en Hongrie, d'où ils repasserent en Illirie, comme Flavius Vopiscus le prouve, *sub Regno Aureli erumpentes Sarmatas in Illiricon.* Voici l'entrée des Sarmates en Illirie heureurement decouverte, l'An 180. Une preuve plus sûre encore de la conquête de ce païs par les Sarmates se trouve dans le même auteur, quand il dit que Probus enleva des Femmes Sarmates, & en abusa jusqu'à la derniere, tant il fût maîtrisé par ces feroces mais aimables barbares. Ces deux autheurs conviennent, *adeo Sarmatæ morte Probi feroces, Imperator debuit Pannonios a servitute liberare ut Sarmatas repellant.* Quelle nation habitoit les bords du Danube? de tout tems nulle autre que les Sarmates, Peuple & Province considerable de la Scythie. Ces mêmes pillerent la Grece après, & le Temple de la Diane d'Ephese.

Bien des auteurs ont parlé des mòéurs & coûtumes des Sarmates, entre autres Lucien en peignant leurs qualités dit, qu' Oreste & Pylade étoient regardés chez les Scythes comme de Heros, ils honoroient les morts par de sacrifices & celebroient les jours des Fêtes de leurs heros, voulant porter la posterité à l'imitation de leurs vertus, ils les avoient plus en veneration que les Grecs, il ajoûte, qu'ils oublioient plûtôt les noms de leurs Peres que ceux de leurs illustres amis. Les Scythes regardoient pour le plus grand tresor l'Amitié, & pour une chose divine.

Herodote des Scythes dit IV. 46. *nec Domus illis aut tectum aut sedes est, armenta & pecora semper pascentibus, & per multas solitudines errare solitis, uxores liberosque secum in plaustris vehunt, quibus, coriis Imbrium, rum, hiemisque causâ tectis pro domibus utuntur.* C'eſt de cette maniere que les Gettes firent echoüer le deſſein qu'avoit formé Darius Hiſtaſpe de les attaquer à la tête de 700. hommes. *Sarmatæ in plauſtro equoque vivunt, ædificiis nullis unquam tecti, ſed hæc velut abuſu communi, diſcreta ſepulchra declinant, nec enim apud eos vel arundine faſtigatum tugurium reperiri poteſt, ſemper fugientium, ſimiles cum carpentis in quibus habitant, ubi Conjuges tetra illis veſtimenta contexunt, & coëunt cum maritis & pariunt, & ad usque pubertatem nutriunt homines;* Ammien. marque L. XXXI. c. B. p. 615. 617.

Veteres Græcorum Scriptores univerſas gentes Septemtrionales Scytharum nomine & Celto-Scytharum affecerunt, iis autem Antiquiores ita diviſerunt eos, ut qui ſupra Euxinum, Iſtrum & Adriam, eos omnes Hyperboreos, Sauromatas & Arimasphos apellarent, qui trans Mare Caſpium, Sacas alios, alios Maſſagetas vocarunt. STRABO *L. XI. p. 507.*

Les Sauromates ou Sarmates ſont les Polonois, & les Hyperboréens ſont les Celtes établis autour des Alpes. Il prouve que les Monts Riphéens ſont les Alpes, & que les autres ſont imaginaires.

 On

On a toûjours diſtingué les Sarmates par leurs habits longs, qu'ils faiſoient des Cuiraſſes de la Corne du Cheval, & que n'ayant pas eu l' uſage du fer, ils s'étoient aviſés d'empoiſonner leurs dards. Les Sarmates avoient pour armes l'arc, & cela fut inconnu aux Celtes, qui ne ſe ſervoient que des Lances, les Arimaſphes étoient des Sarmates auſſi. Les Arimasphes Evergettes furent ſurmontés par Alexandre comme *Diodore de Sicile*, mais ils dûrent étre doubles à mon avis, les uns plus avancés vers la Grece, les autres moins, les premiers faiſoient garder leurs Treſors par des Griphes, bêtes peut-étre inconnuës vers le Nord.

Bochart penſe avec eſprit que les Sarmates viennent d'une parole Hebreuſe, comme qui diroit les reſtans des Medes, car il y a grande apparence qu'ils furent une même Nation pour la reſſemblance de leurs vêtemens, comme bien des Auteurs le prouvent. Et ſelon que je puis m'aperçevoir, les Sarmates habitoient toûjours les mêmes contrées qu' ils gardent encore aujourdhuy. Ils étoient puiſſans, & ils n'avoient que de la Cavalerie, ils furent tellement faits au che-

cheval, qu'ils faisoient leurs Elections des Chefs & Consultations jusqu' à reposer même à Cheval, ce qui se pratique encore dans leurs Descendans qui sont les Polonois, car nous tenons jusqu' aujourdhui des Dietes à Cheval, qui sont fort promtes & decisives. Leurs Armes étoient des Arcs & des Lances, qu'ils tenoient jointes à la jambe droite, armes usitées encore en Pologne, & qui sont nommées *Kopia* Armes qui font la plus grande force de nôtre Armée. Leur Étimologie vient du nom *Kopie* qui veut dire, *ensevelit*, s'entend *enterre*, en y portant le coup, leurs Femmes combattoient, puisqu' encore toutes les Amazones étoient des Sarmates.

Sarnicki dit à ce sujet : *Amazones Asiaticorum Sarmatarum uxores fuerunt, & Cappadociæ Regiones, ubi Moschinorum sedes erant inhabitarunt, sunt & in Bohemiæ finibus Arces quæ* DZIEWCZYHRAD *quasi puellares Arces dicuntur, ubi sedes quoque suas habuisse feruntur, sivè illæ Amazones erant, sed earum progenies certè in his regionibus suas Colonias habuerunt.* Il dit dans un autre endroit : *Si Themi-Scyræ sedes fuerunt Amazonum, eas nostræ linguæ (Sarmaticæ) esse necesse est, nam Themiscira est Fluvius Cappadociæ docia in Euxinum Pontum se se exonerans, propinqvus etiam Henetorum sedibus & Paphlagonibus. In Paphlagonia autem & Cappadocia, ubi Moschini sedes habuêre linguæ nostratis usus fuit. Hæ igitur nostræ Amazones expeditionem in Asiam susceperant de qua* EUSEBIUS, & *Ephesinum templum succenderant de quo* MANETHON ÆGYPTIUS, *quæ acta sub annum* 2825. *ab orbe condito. Troiano etiam bello interfuerunt, de quo* VIRGIL. *Ducit Amazonidum Lunatis agmina peltis Pentesilea ferox &c. meminit &* HOMERUS. *De iis* POMPONIUS MELA. *Fœminæ (inquit) Sarmatarum cum viris bella ineunt, atque ut habiles sint, natis statim dextra aduritur mamma &c. Arcus tendere, equitare, venari, puellaria pensa sunt, ferire hostem adultarum stipendium est* Hipocrates lib. de Aere; *& quis Sarmaticas Fœminas arma tractasse prodidit, ità ut non prius viro nuberet virago quam tres bello hostes occidisset.* Smigl. fol. 108. *Viros paritèr ac fœminas Sarmaticas longis arcubus usas sub tentoriis habitasse, staturâ longâ sed siccâ fuisse, pecore vixisse, nullo luxu*, dit Bielski fol. 232.

BOCHARD dit encore pour distinguer les Sarmates d'avec les autres nations, *capita radebant Sarmatæ.*

Longo-

Longobardi autem se à cervice usque ad occipitium radentes nudabant, capillos à fronte usque ad os divisos habentes quos ub utraque parte frontis divisos habebant. Paul. Diac. Rer. Long. L. IV. C. 7. p. 398.

Truces flavo vertice Galli. CLAUD. *in Ruff. II. p. 110.* ce qui s'entend des Gaulois.

Rhodanique comâ intonsa juventus. Bretons ou Gaulois aussi.

Subditi articulatim tonduntur apud Francos. AGATH. *L. I. p. 14.*

SECTION V.

DIVERSES OPINIONS SUR L'ETIMOLOGIE DE LA POLOGNE.

Pomponius Mela dit que depuis le Deluge les Sarmates ont habité depuis le Danube qu'il nomme Ister jusqu' à la Vistule qu'il nomme Vandalus, & parmi eux *Buloni & Venedi*, dit-il, *erant formidabiliores*. Or Lechus se trouva Chef d'une Colonie innombrable nommée Buloni, & avec le tems on a pris le *B* pour *P* d'où vient Poloni.

Il y a outre cela diverses opinions, l'une est qu'un petit bourg a donné le nom à tout le Royaume, *à Colchis Pola urbs in Illirico vel Istria Coloniam suam deduxit, a qua Pola Polonorum Ducem Lechum prodiisse, nomenque genti dedisse aliqui putant. Imo & totam Istricam gentem Colchis ortum habere* STEPHANUS *Autor. Cum enim Aëta Rex ad Argonautas persequendos Colchicum exercitum misisset, hi ut à Ponto ingressi sunt Istrum, nèc raptores aurei velleris invenissent, sivè amænitate loci, sive alia causa inducti sedes istbic*

iſtbic ſuas fixerunt. Les autres diſent que c'eſt de l'Etoile Polus ſituée au Nord, à Polo Poloni, mais la meilleure ſera celle qui ſera la plus circonſtanciée. Il y a des Auteurs comme Cromere Evêque de Varmie & ſon Commentateur en langue Polonoiſe Bielski, qui diſent comme experts de la langue Sclavonne, que POLACY eſt provenu de POLACHY, comme qui voudroit dire deſcendans de Lechus, ce qui eſt trés palpable, car avant Lui la Pologne n'a jamais eu d'autre nom que SARMATIA, nom qu'Elle a perdu à la moitié du V. Siecle, à l'arrivée de ce Prince, on l'a nommée ſeulement Sarmatie Européenne pour la diviſer de l'Aſiatique, au delà du Tanais ou Don, en Slavon Dono, Fleuve ainſi nommé des Slavons, à cauſe de ſa profondeur, car il a le fond trés creux, je me convains par ce qui ſuit encore plus fortement, que les Voiſins d'un païs ſont quelque-fois d'un trés grand ſecours pour quelqu'un qui en entreprend d'écrire l'hiſtoire. La Pologne eſt dans ce cas plus qu'aucune autre nation, car Elle avoit plus de courage à ſe battre que d'envie à écrire. Je dis encore une fois que les Voiſins ne ſont pas à mépriſer pour conſulter leurs opinions & leur ſçavoir, l'on eſt quelquefois Argus chez un autre & l'on eſt borgne dans ſa propre maiſon, c'eſt la curioſité toujours trop grande en nous qui nous fait faire des recherches étrangeres, crojant être aſſez à tems pour ſçavoir ce qui ſe paſſe chez nous, elle nous entraîne de plus loin en plus loin en nous faiſant negliger le neceſſaire.

Les Turcs qui ſont trés delicats en fait des Anecdotes remarquables de leur païs, & de celles de leurs païs adjacens, voulant nommer un Polonois diſent LECHLI, ce qui ſemble appuyer l'opinion ſoutenuë par moi, les Hongrois nous nomment LENGIEL, les Ruſſes LECHY. Ainſi peut-on croire qu'ils ſe ſoient donnés le mot par complaiſance. Une troiſieme preuve inconteſtable, c'eſt que les Tartares Européens ſe ſervant de la langue Slavonne encore aujourdhuy nous nomment LACHY, tout de même que les Coſaques, d'oû peut aiſément deriver le nom POLACHY; ſi donc l'opinion telle eſt generale chez les nations qui nous environnent pour affermir la mienne, pourquoi y en auroit-il tant de particulieres qui duſſent la détruire.

Je conclus que c'étoit aſſez l' uſage pour ainſi dire un droit de nommer le Païs du nom de ſes Legislateurs, comme

Cechus

Cechus nomma le ſien étant Frere de Lechus. Il y a eu cette coûtume bien loin avant eux, & par tout, comme a CRETA CRETENSES, ou comme Remus & Romulus donnerent leur nom à Rome autrefois Capitale du monde.

Mais en diviſant en trois Epoques les migrations des nations qui ont habité la Pologne, on pourroit veritablement nommer les Polonois, premierement *Sarmatæ Europæi*, en ſecond *Sarmato-Slavi* ſur ce que *Celenus* dit *mixtis connubiis Procerum &c.* Les anciens nous ayant nommés Slavi ou SLOWACY de la fermeté du genie & de la parole, ils ont pu changer ce nom en POLACY à cauſe des raiſons expliquées cy-deſſus, donc on pourroit nous apeller aujourdhuy *Slavo-Poloni*, comme étant un veritable mélange du ſang de ces trois Nations autrefois voiſines, iſſuës l'une de l'autre & puis mêlées enſemble.

SECTION VI.

IDEE SUCCINTE DES ANCIENNES PROVINCES DE LA POLOGNE.

A la ſource de la riviere d'Albis demeuroient les Hermundures aujourd'hui Bohemes, près de ceux les Marcomannes aujourd'hui Moravites, plus bas de ceux les Quades, & Oſiens, aujourd'hui partie de la Moravie, partie de la haute Sileſie, les Vannes & Eliſiens où eſt aujourd'hui la baſſe Sileſie, & le Palatinat de Cracovie en partie, dont le reſte étoit occupé par les Avares que Skarga dit être les mêmes avec les Huns, choſe qui eſt très vrayſemblable à cauſe de la proximité de leur païs, les Ligiens où eſt le Palatinat de Kaliſs, les Burgundions où eſt le Palatinat de Posne, les Lazy ſur les bords de la riviere de Warta, les Lugiens où eſt le Palatinat de Siradie, les Gottons ou Gittons où ſont les Palatinats de Mariembourg, Culm & Pomeranie, aux quels les Venedes, Slaves & Ulmigiens ont ſuccedé. Pyrklein place les Sydniens dans la Germanie. Les Rugiens & les Lemoviens où où eſt l'Isle de ce nom, les Eſtoniens où eſt la Pruſſe Ducale qui étoit aux Venedes c'eſt à dire aux Slaves. Ces mêmes Eſtoniens ont laiſſé leur nom à une Province nommée *Eſtonia* ſur les côtes de laquelle ſe trouve l'ambre. Les Baſtarnes qui veut dire en leur langue *Chariot* où eſt le Palatinat de Podolie, les Peucins plus bas vers l'Occident, entre la Volhynie, la Podolie & le Territoire de Leopol. Ils ſont venus de l'Ile Peuce de l'embouchûre du Danube, & ils en ont derivé le nom, comme les Illiriens où les Iſtriens ont pris le leur de l'ancien Iſter aujourdhuy Danube. Les Bodins où eſt le Palatinat de Kiiow, & Amadoxes où eſt le Palatinat de Braclaw. Les Tyraſiens habitoient une partie de la Podolie & de la Pokutie, ſur le Tyras, qui eſt aujourdhuy une riviere nommée Dnieſtr, & non Nieſtr comme diſent toutes les Cartes Françoiſes, à cauſe de la faute qu'un François eſt capable de faire toûjours, en prenant la lettre D. pour la prépoſition *de*. C'eſt une faute qui provenant des langues étrangeres peut confondre les choſes, & les noms. Les Volgares ou Bulgares habitoient où eſt le Palatinat de Volhynie, les mêmes établirent une ſeconde Colonie en Miſſie qu'ils nommérent

Samogitie qui eſt voiſine de l'Eſtonie a l'ambre plus beau que la côte de Pilau en Pruſſe.

rent Bulgarie. Les Czyſtoboges & Igidions où eſt le Palatinat de Brzésc' Litvanien, le long de la riviere de Bug qui coule fort clairement & paiſiblement, & dont ils ont auſſi derivé leur nom. Les Jazyges & les Polowces anciens Gots, comme l'a remarqué *Lubinski Evêque de Plocko* ſe ſeparerent, les premiers ſont allés habiter le Palatinat de Podlachie, & les autres la Podolie avec les Baſtarnes voiſins. Les Maſſagetes, habitoient où eſt aujourdhuy la Maſovie, quelques-uns les font deſcendre de ces celebres & cruels Maſſagetes, dont Tomiris fut Reine, & qui étant chaſſés de la Cappodoce ſe placerent ſur les bords du Pont Euxin, & enſuite paſſerent dans le còeur de la Pologne, Herodote dit de leurs coûtumes, *apud Maſſagetas ubi quis admodum ſeneſcit convenientes propinqui eum immolant, & cum eo aliquot pecudes quarum carnibus pro epulo ubi coxerunt veſcuntur, quod genus obitus apud eos beatiſſimum habetur, languore extinctos non edunt* Lib. I. Cap. 216.

Profuit invaſos æſtus avertere, & inter
Ima perire petis; ſalientem ſanguine venam
Et lac concretum cum ſanguine potat equino.
VIRGIL.

Lon-

Longaque Sarmatici solvens jejunia belli
Venit & Epoto Sarmata pastus equo. LUCANUS.

Ils saignoient leurs chevaux & avec le lait du Cheval faisoient un ragoût bon à leur façon.

D'autres prétendent que d'un Grand du Royaume nommé Masos, qui usurpa le Duché de Masovie, cette Province tient le nom. Les Soleins ont habité où est la ville de Slonsko. Les Biessens sont aujourdhuy ce que l'on apelle *submontani*, & ceux qui sont situés plus haut sont les Bulanes Piengites. Les Herules & les Lemoviens font aujourdhuy la Varmie.

Je m'étendrai tant soit peu ici sur la valeur de ces belliqueuses nations, étant à portée d'en parler à propos. Longin parle d'Odoacre Prince Russien, qu'il fut tué en Italie qu'il avoit envahie, les Bulgares ou Russes aujourdhuy, c'est à dire Rutheniens qui sont infailliblement de ces peuples Slavons, ont laissé encore aïlleurs des traces de leur vaïllance; comme la Province de Roüergue en France nommée en Latin *Provincia Ruthena* en est un monument vivant, & RODEZ sa Capitale *Segedunum Rutheni*, qui étoit autrefois aussi Capitale du peuple nommé *Rutheni*, comme dit Mr. la Force; De même la Capitale d'Auvergne en France CLERMONT en AUVERGNE se nomme en Latin *Augusta Ruthenorum*, & les gens du païs m'ont assuré, qu'un Proverbe y subsistoit encore, parlant du courage de quelqu'un, on dit: „ il a du sang jusqu' „aux bouts des ongles comme un Slavon.

SECTI-

SECTION VII.

LA VERITABLE SITUATION DE LA POLOGNE AVEC SES CONFINS.

Quant aux limites de la Pologne je les avance ſur l'autorité des premiers Geographes, comme Ptolomée & Pline, & des plus anciens hiſtoriens.

Je commence par le Midi comme un endroit qui n'a jamais été diſputé; c'eſt les Monts Sarmates, qui font une barriere plus forte que la muraille de la Chine, & ſes roches eſcarpées ſont plus fermes que les baſtions airains de Babylone, car les premiers ſont un ouvrage de l'Auteur de la nature, & l'autre n'a été que celui des mains des Mortels, & par conſequent ſujet à la deſtruction. Cette chaine de Montagnes eſt plus haute que les Alpes les plus elevées, elles ſe nomment chez nous TATRY, nom qui vient de ſept gros rocs qui forment une eſpece de chateau, apellés TATRY vis-àvis de Cracovie, plus bas du chateau

teau de Landscroon; Ces monts jusqu'à la Tranſylvanie ont donné le nom à toute la côte. Plus bas vers le Gouvernement de Scepuſe on les apelle auſſi du Latin CARPATES, en Polonois KREMPAK, en Hongrois CRAPACK, l'étymologie vient du mot GAROTTER, car il y a une montagne fort groſſe & fort haute, dont on fait le demitour pour paſſer en Scepuſe; ſoit que les CARPES envoyés par Diocletien en Pannonie eurent donné le nom aux Montagnes CARPES, CARPATES, les-quelles en Slavon furent nommés KREMPAK par les mêmes peuples qui demeuroient dans les endroits, où comme je viens de dire l'on ne pouvoit pas aller tout droit. Pline dit, que les Carpates ſont ſouvent apellés Alpes, je ne m'en étonne pas, car c'eſt la même chaine de Montagnes apellées Pirenées puis Alpes, & en dernier Tatres comme ci-deſſus. Mais avant de revenir à mon propos, je finirai cette petite Geographie du Païs de Montagnes pour ne pas laiſſer la choſe imparfaite, & que l'on ne voit dans aucun Auteur Etranger. Vers la Tranſylvanie elles ſont nommées encore par les Tranſylvains, BESCIADES, en Polonois BIESIADY, comme qui diroit

DE-

DEMEURES, puisque les Bergers y ont leur POLONGI, ou terrain propre à paître les Brebis, autrement apellés PLONINY en Polonois, & POLONINY en Russien, à cause que le soleil n'y parvient point, & où ces Pâtres restent des années entieres sans revenir au logis, ménant à peuprès la vie de leurs troupeaux.

Il y a des gens peu expers en cela, qui confondent les Besciades avec les Beskides, ce qui est tout-a-fait autre chose, car BEZ-SKIDE fait deux paroles, & un composé de cela est un terme abusif, BEZ voulant dire la préposition PAR & SKID veut dire CASCADE. Ainsi le voyageur voulant dire: il nous faut passer par la Cascade, en fait en parlant vîte une seule parole. Voici pour quoi cette Cascade est fameuse & si connüe, car elle sert de limite aux deux Royaumes, de Pologne & de Hongrie, étant une chaine mitoyenne des autres Montagnes qui sont à côté. Voici pourquoi elle se nomme SKIDE ou CASCADE, car tous les Fleuves & principales rivieres de la Pologne & de la Hongrie y ont leurs sources, dans cette chaine mitoyenne la Pologne vers le Nord, & la Hongrie vers le Midi ont les sources de leurs rivieres oppofées, comme le SANNE l'eft au TIBISQUE, ainfi des autres. Cette même Hongrie dans les premiers Siécles apellée Pannonie vient du mot PANOWNIA, qui veut dire en langue Slavonne Empire jadis des Slaves, & BUDA Ville de Hongrie vient de BUSCIA où demeuroient autrefois les Buffiens un des anciens peuples.

Je retouche préfentement à la corde des Limites; Les Montagnes cy-deffus n'ont été d'aucun têms apellées autrement que Mons de Sarmates, foit que l'on eût parlé de la Pannonie qu'ils feparent de la Pologne, foit du côté des Sarmates.

La Mer Baltique avec la côte depuis le fleuve de DWINA ancien RUBON, jusqu' à la Livonie a été apellée par Ptolomée *Mare Sarmaticum*, car c'eft bien autre chofe *Sinus Venedicus*, *vel Cherfonnefus Cimbrica*, qui n'a été qu'un Golphe. BEROSUS dit: *Barzanem regnaffe usque ad Sarmaticum Ponti littus, unde apparet, quod ficut vocatur mare Sarmaticum ad Oftia Iftulæ occidentem verfus, ita Berofi jam temporibus Euxinum Pontum mare Sarmaticum vocari fueviffe, atque ideo quidquid intra hæc duo maria eft, id veteris Sarmatiæ nomine dict.*

Du

Du côté de l'Occident VANDALUS aujourdhui VISTULE incontestablement servoit encore de barriere aux Sarmates & à leur Empire, Pline & Alexandre Geographes apellent la Vistule ERIDANUS vers son Embouchûre, ainsi il ne faut pas croire que les confins du Royaume fussent plus ou moins reculés; c'est toujours le même fleuve; c'est le petit fleuve aujourdhui MOTLAVE qui à eu le nom d'ERIDANUS, & qui passe par Dantsig, comme on le voit dans la carte de Pline, & VANDALUS la Vistule jusqu' au Regne de Lechus premier Souverain nous divisoit des aures peuples de la Germanie. LONGIN Archevêque de Leopol de la Maison LESZCZYNSKI, chez nous connu sous le nom de DLUGOSZ celebre Auteur qui vivoit au XV. Siécle, dit, que Lechus venant de la Pannonie se mit en possession du Païs entre les fleuves Albis ou Elbe & Vandalus ou Vistule, d' abord il recula les confins des Sarmates vers l'Occident.

Au Nord plus en deça Visimir Prince & son Neveu ayant battu deux fois par mer & par terre à platte-couture les Danois avec leur Roi Syndaris, conquit le Dannemark, & avança encore plus vers le Nord son Royaume.

Il y a dans la maison d'Opalinski l'Anecdote qu'ils ont eu un de leurs Ancétres pour Amiral de cette expedition.

Du

Ptolomée Liv. 5. Chap. 5.

Du côté de l'Orient le fleuve CARCINITE ſeparoit la Pologne.

Adam de Brem Liv. 2. Chap. 7.

Il eſt bon de dire à ce ſujet que le Païs de Slaves à été d'une bien plus grande étenduë, car on le plaçoit depuis la riviere d'Albis jusqu' à la Mer de Tartares. Lucien fait mention de cette étenduë en diſant, qu'Amiope avec Dandamis s'étoient juré une amitié éternelle, lorsque les Sarmates entrerent en Scythie avec 30000. hommes depied & 10000. Chevaux; on s'étoit campé ſur l'une & ſur l'autre rive du Tanaïs pour leur empécher le paſſage, mais ils enleverent d'abord tout ce qui étoit au delà de la Riviere. Voici les Sarmates ſeparés des Scythes par le Tanaïs, même Ennemis dejà des Sarmates Aſiàtiques, je ne ſçai ſi Boriſthene Ville ſituée ſur ſon rivage, & qui donna le nom au fleuve & à la Province, ne fut pas la Capitale de leur païs, que je trouve dans une des Cartes de Pline. Mais la preuve qu' autrefois ils furent une même nation & un même païs, c'eſt que la Cherſoneſe Taurique qui eſt bien au de là du Tanaïs, & pour mieux dire ſituée au milieu d'entre le Tanais & le Boristhene fut aux Scythes, cette fameuſe & fabuleuſe en même tems presque Ile par les Courſes d'Achille & par

par la descente d'Oreste & Pylade; je ne sçaurois m'empécher de continuer mon Lucien pour faire remarquer la puissance des Scythes. Il dit qu'ils envoyérent une Ambassade à Leucanor Roi du Bosphore qui tous les ans leur païoit tribut, & qu'il s'y portoit volontiers. Plusbas il distingue deja les Alains des Scithes & des Sarmates, mais il raporte une grande liaison de voisinage & de parenté.

Quant à l'invasión generale de Slaves, voici tout le passage de Tacite de l'Origine des Sarmates: *In Hermunduris ubi Albis oritur vel montibus Vandalicis flumen inclitum & notum olim, nunc tantum auditur; juxtà Hermunduros Narisci ac deinde Marcomanni, Quadi, agunt, præcipua Marcomannorum gloria & vires atque ipsa etiam sedes, pulsis olim Boiis virtute parta, nec Murisci. Quadivè degenerant, eaque Germaniæ velutl frons est, quatenus Danubio pergitur. Nec minùs valent retrò Massigni, Gottini, Osi, Burgii ad Vistulam habitantes, ex quibus Marsini & Burgii, sermone cultuque Svevos referunt, Gottinos Gallica, Osos Pannonica lingua coarguit non esse Germanos. Protinùs deinde ab Oceano Rugii, Runi, ex opposito Rugiani, Gens fortissima Slavorum, qui soli Regem habent & Lemmovii.* Pag. 671.

Cromere Evêque de Warmie parlant posterieurement, parle aussi plus clairement: *Slavi ab Istro ubi habitarunt, posteàquè venerunt in Myssiam, Pannoniam, Macedoniam, Traciam, Istriam, Slavicæ gentes sunt maximæ, nempè Bulgarii, Russi, Serbi, Bosnenses, Croatæ, Carni, Dalmatæ, Illiri, Roscy, Moscbi, Petibori, Circassi, Bohemi, Moravi, Silesi, Lusati, Pomerani, Cassubi, Prussi, & Albi reliquiæ Slavonum & Venedorum.* Ce que l'Auteur Jean Ramus dit fait aussi voir l'etenduë & la valeur des Sarmates Européens:

Austria Sarmaticis quondam subjecta Bohemis,
Subditaque arbitrio paruit Albi tuo.

SECTI-

SECTION VIII.

LA POLOGNE N'A JAMAIS ETE SUBJUGUEE.

Comme l'on eſt facilement convaincu que les Nations du Nord n'ont d'autre ſource que le Pont Euxin, d'au delà, ou d'en deça duquel elles ſont emanées, & que la Scythie eſt la pépiniere des anciens Gots, Vandales, Cimbres, Sarmates, Huns, Longobards, Sveves, &c. preuve de ce que l'Europe n'étoit autrefois habitée que par un ſeul & même peuple, car l'on ne ſçauroit autrement rendre raiſon de la conformité & du rapport des choſes, *Scytas & Sarmatas eandem gentem eſſe V. H Hiberniæ origo.* SARNICKI. Tout ce qui nous eſt reſté de la poſterité des anciens Scythes, doit être pris pour les Ancêtres des nations qui ſe ſont repanduës de leur ſein. Il y a même toute apparence que les Scythes qui diſputoient avec les Egiptiens ſur l'Antiquité de leur origine étoient Phrygiens. HERODOTE *II.* 2. CLAUDIANUS *in Eutropium II pag 73.* Comme auſſi la Colonie des Gomors étoit provenuë

venuë de Gomer & eſt apelée preſentement de Grecs Palates. Une preuve invincible quoique diſputée pour être un fait inconteſtable à cauſe de ſon antiquité releve la memoire de ces peuples, que Cyrus, ce grand Cyrus qui transporta la Monarchie des Medes en Perſe a du être tué par Tomiris Reine des Maſſagetes, c'eſt cette même race qui peupla la Maſovie après.

JUSTIN *au Liv. 9.* dit que Philippe de Macedoine a eu une guerre avec Atheas Roi des Scythes, lequel lui fatigua l'Armée au Siége de Bizance.

Mais ils furent plus redoutables à ſon Fils Alexandre, ce Conquerant du monde, qui fut bleſſé d'une flêche ſur la riviere d'Yaxarte, que les Generaux de ce Prince ont pris pour Tanais à cauſe de ſa grandeur, mais c'eſt un Fleuve bien different de l'autre comme l'a remarqué l'Auteur DEBOLECKI.

Je ne puis m'empécher de copier le diſcours des Ambaſſadeurs Scythes fait à Alexandre, tiré de QUINTCURCE *du 7. Livre & du 8. Chap.* & ſi avantageuſement mis en François par celebre Mr. ROLLIN, ayant auſſi entrepris de traduire ſon hiſtoire ancienne à l'uſage de ma nation.

Les

Les Scythes étant venus au camp à cheval au nombre de vingt, demanderent à leur coûtume à parler au Roy, qui les ayant fait entrer dans sa tente les pria de s'afféoir, ils fûrent longtems à regarder le Roi fixement sans dire mot, & puis le plus ancien de la troupe porta la parole ainsi: si les Dieux t'avoient donné un corps,, proportionné à ton ambition, tout l'u-,, nivers seroit trop petit pour toi, d'une,, main tu toucherois à l'Orient, & de l'au-,, tre à l'Occident, & non content de cela,, tu voudrois suivre le Soleil & sçavoir où,, il se cache. Tel que tu es, tu ne laisse,, pas aspirer où tu ne sçaurois atteindre.,, De l'Europe tu passe dans l'Asie, &,, quand tu auras subjugué tout le genre,, humain, tu feras la guerre aux rivieres,,, aux forêts & aux bêtes sauvages. Ne,, sçais-tu pas que les grans arbres sont,, long-têms à croitre & qu'il ne faut qu',, une heure pour les arracher? que le,, Lion sert quelque-fois de pâture aux,, plus petits Oiseaux? que le fer malgré,, sa dureté est consumé par la roüille? qu',, enfin il n'est rien de si fort, que les cho-,, ses les plus foibles ne puissent detruire?,, Qu'avons nous à demêler avec toi? ja-,, mais nous n'avons mis le pied dans ton,, païs. N'est-il pas permis à ceux qui,, vi-,,

„vivent dans les bois d'ignorer qui tu ès? „& d'où tu viens? & enfin que tu ſçache „quels gens ce ſont que les Scythes; nous „avons reçu du Ciel comme un riche „préſent un joug de bòéufs, un ſoc de „charüe, une flêche, un javelot, & une „coupe, c'eſt de quoi nous nous ſervons „avec nos amis, & contre nos Ennemis; à „nos amis, nous leur donnons du bled „provenu du travaïl de nos bòéufs, avec „eux nous ofrons du vin aux Dieux dans „la coupe, & pour nos Ennemis, nous les „combattons de loin avec des flêches & „de près avec le javelot.

L'Irruption fameuſe des Scythes en Egipte.

„C'eſt avec quoi nous avons autrefois „dompté les peuples les plus belliqueux, „vaincu les Rois les plus puiſſans, ravagé toute l'Aſie, & nous nous ſommes „ouvert le chemin jusqu'à l'Egipte. Mais „toi qui te ventes de venir exterminer „les voleurs, tu es toi-même le plus „grand voleur de la terre, tu a pillé & „ſaccagé toutes les nations que tu as „vaincuës, tu a pris la Lydie, envahi la „Syrie, la Perſe, la Bactriane, tu ſonge „à penetrer jusqu'aux Indes, & tu viens „ici pour nous enlever nos trouppeaux, „tout ce que tu as, ne ſert qu'à te faire „deſirer plus ardement ce que tu n'as „pas,

pas,, ne vois tu point? combien il y a,, que les Bactriens t'arrêtent, pendant que,, tu domtes ceux-ci, les Logdiens se re-,, voltent, & la victoire n'est pour toi qu',, une semence de guerre.,,

Passe seulement l'Yaxarte, tu verras,, l'étendue de nos plaines, tu a beau sui-,, vre les Scythes, je te défie de les attein-,, dre, nôtre pauvreté sera toujours plus a-,, gile, que ton Armée chargée de de-,, poüilles de toutes les nations, & quand,, tu nous croiras bien loin, tu nous ver-,, ras tout d'un coup tomber sur ton,, camp, car c'est avec la même vitêsse que,, nous poursuivons & que nous fuyons,, nos Ennemis; j'aprens que les Grecs,, font passer en proverbe les solitudes des,, Scythes, oui, nous aimons mieux nos,, deserts que vos grandes villes & vos,, fertiles campagnes, crois-moi, la fortu-,, ne est glissante, tiens la bien de peur,, qu'elle ne t'échappe, mets un frein à ton,, bonheur, si tu veux en demeurer mai-,, tre, si tu es un Dieu, tu dois faire du,, bien aux mortels, & non pas leur ravir,, ce qu'ils ont, si tu n'es qu'un homme,, songe toujours à ce que tu es, ceux que,, tu laisseras en paix seront veritablement,, tes amis, parce que les plus fermes ami-,, tiés sont entre les personnes égales, &,, ceux,,

„ceux-là ſont eſtimés égaux qui n'ont po-
„int eprouvé leurs forces l'une contre
„l'autre, mais ne t'imagine pas que ceux
„que tu auras vaincus puiſſent t'aimer.
„Il n'y a jamais d'amitié entre le maitre &
„l'eſclave.

„Au reſte ne penſe pas que les Scythes
„pour contracter une alliance faſſent au-
„cun ſerment, ils n'ont pas d'autres ſer-
„mens que de garder la foy ſans la jurer,
„de telles précautions conviennent aux
„Grecs, qui ſignent leurs Traittés &
„apellent les Dieux à témoin, pour nous,
„nous ne nous croions religieux, qu'au-
„tant que nous avons de bonne foy, qui
„n'a pas honte de manquer de foy aux
„hommes, ne craint pas de tromper les
„Dieux, & de quoi te ſerviroient des a-
„mis, à qui tu ne te fierois point? con-
„ſidere que nous veillons pour toi à la
„garde & de l'Europe & de l'Aſie, nous
„nous étendons jusqu'à la Trace, & la
„Trace à ce que l'on dit confine à la Ma-
„cedoine, il ne s'en faut que la largeur
„de l'Yaxarte que nous ne touchions à la
„Bactriane, ainſi nous ſommes tes voiſins
„de deux côtés, vois quels tu aime mi-
„eux de nous avoir, pour Amis, ou pour
„Ennemis. „

JU-

JUSTIN ajoûte pour faire connoître le genie de ces Scythes qu'ils dirent une autrefois à Alexandre. *Deesse nobis Terra potest ubi vivamus, ubi moriamur non potest.*

Au surplus la lettre d'Alexandre écrite aux Slaves que l'on peut lire dans les Annales de Boheme prouve assez leur valeur & le peu de pouvoir de ce Conquerant sur leur nation.

Voici à peu-près la plus exacte narration & recherche que l'on puisse atteindre de l'établissement de l'Empire des Sarmates de tout siécle independans, & issus originairement des Scythes, nom general de toutes les nations, & pour ainsi dire le premier avant que l'on ait apris les particuliers des peuples, qui demeuroient sur le Pont Euxin, *Scytharum nomen usque quaque transit, prisca illa duravit appellatio, quamque extremi gentium harum ignoti probè cæteris mortalibus degunt* STRABO *Cap. XII. pag. 465.* car si leur commencement est obscure, l'on ne peut fonder que l'histoire de ces Grands Heros qui ont troublé autrefois le monde, & auxquels toutes les nations ont eu à faire d'une certaine façon, comme j'ai fait voir en raportant les faits des plus grands Capitaines de la terre, tirées des auteurs di-

 gnes

gnes de foy; oh! qu'elle eſt juſte la penſée de Mr. le Roi, qui remarque que les nations qui n'ont pas connu la puiſſance Romaine, ou qui n'ont rien eu à demêler avec cette maîtreſſe du monde, ont une origine obſcure, & quelques grands Heros qu'elles aïent eüs, n'aïant pas parmi eux des Gens de lettres, occupées toûjours du métier de la guerre, elles ne nous en ont laiſsé aucune trace. La Pologne dans ſes commencemens n'a eu la moindre connoiſſance de literature continuant le genre de la vie Scythique, & ce n'eſt qu'au IV. Siecle qu'elle commença à en avoir de foibles notices ſans les jamais cultiver, après quoi ſi ſon origine eſt difficile à débroüiller, elle n'a donc pas connu le joug Romain.

Mais il faut le temoignage d'un Romain pour étre inſtruit de cette verité plus autentiquement, le voici. „Les Argiens, Eliſiens, Euriens, Naharvalles, Dy„dunes, Omaminiens, & les Helveons ſe „gouvernent Ariſtocratiquement chacun „ſous ſon étendart.„ TACITE.

Il parle dans un autre endroit de Vannius Roi des Sarmates, comme ſi la puiſſance ou les actions de ce Prince avoient été autrefois formidables, du nom duquel la Sileſie fut apellée, ils avoient des

des Rois mais ils choisissoient ceux qu'ils croïoient les plus vaillans, & détronoient les Tirans, car Circée Reine des Sarmates fût detronée lorsque le meurtre de son Mari commis par elle-même fut découvert.

Dans les Siécles suivans, les Sarmates ne changerent pas de nature, car les Rois n'ont jamais été hereditaires en Pologne, dans les Etats Monarchiques la Primogeniture est observée, l'Election est abolie, nous au contraire nous préferions des Cadets aux Aînés, nous fimes avec tous des Pactes, c'est à dire nos Traittés, avec même les plus anciens, preuve d'une grande & bien assurée liberté; ces mêmes Sarmates pendant le Dodecavirat ou le gouvernement de Douze dont le Regne étoit execrable & d'une licence effrenée, voulurent celer à la posterité leurs crimes & ordonnerent de bruler tous les livres du Royaume, sous prétexte que l'amour de lettres commençoit à prendre le dessus sur l'ardeur de la guerre, nous ne pouvons donc que nous servir du témoignage de quelque auteur étranger comme BLONDIN qui parlant de la fin du V. Siécle dit, *compertum habemus eam gentem quæ ultrà Danubium sedes habuit, & Soceros filiumque Mauritii*

tii illis oppositos fuisse, nous verrons que c'est des Slaves qui ont peuplé la Pologne qu'il parle, quand il dit d'abord après, *nunc primum oram Adriatici Sinus dextri littoris occupasse, & ità cohabitationem continuasse, ut quidquid prius Istria & Dalmatia dicebatur, ad tempora usque nostra dicatur Savia.* Par ce passage l'on voit clairement, que si les Slaves prenoient des provinces sur les Romains, & les en chassoient, ils ont du étre de tout têms une nation libre & redoutée.

Mr. le DU-PIN remarque bien aussi que Cesar dans ses neuf campagnes qu'il fit en Europe n'a été qu'une fois en Illirie païs des Slaves, lesquels lui ont renvoyé le butin pris sur les Romains, & que Cesar n'a jamais été plus loin vers le Nord qu'à Cologne, ainsi l'on voit evidemment la puissance des Slaves encore à l'abri de ce vainqueur. Ce même dit qu'Auguste reduisit les Allemans, & obligea le reste à fuire au delà de l'Elbe, frontiere des premiers Sarmates, où apparement ils étoient en sureté. De ces Allemans sous le nom de Sveves parle MARTINUS *Lib. Martiniana. Drusus Privignus Octavi missus ad Albim Flumen & dictus est fortissimas nationes invenisse, quibus & natura vires, & consuetudo experientiam virium dabat.*

Nec

Nec Romani Duces post illum tenuerunt terros unquam ultrà Albim quem dedit Augustus limitem Romano imperio. STRABO & CRANZIUS *Lib II. Cap XXXIII.*

Neque Romani Albim ipsum transcenderunt, nec ulli similiter iter pedestre suscepere. STRABO *Lib. VII.*

Il semble que le revers de MEDAILLE que l'on voit avec l'inscription *Victoria de Sarmatis*, détruiroit mon raisonnement, si l'on ne sçavoit pas, que pour appaiser le peuple Romain, & pour faire valoir son bonheur, Cesar, Auguste & Tibere comme bien d'autres dressoient des Arcs à Rome, sans avoir vu quelquefois l'Ennemi, outre cela: ils ont apparement pris pour une victoire complette, lors qu'en se présentant une armée reguliere au nombre de 100000. hommes, les Sarmates les regardoient de loin sans les attaquer, *Domitianus Lauream de Sarmatis usurpavit. Ex altera parte Tyræ periit Appius Sabinus Consularis & Cornelius Fureus Præfectus Prætor.* STRABO.

Antonium a Bastarnis qui missi auxilio venerant superatum fuisse, FLOR. *L. 3. c.* 2. Les Bastarnes étoient des Sarmates qui donnoient encore du secours contre les Romains, & ils ne leur furent jamais soûmis, STEPH. pag. 212. lib. 40. 57.

Trans Istrum ergo JUSTIN. Lib. II.

JULIN, *pag. 227. in Vita Maximini. Bellum Sarmatis intulit, & Regiones eorum Imperio Romano subjecisse cogitavit.*

HERODIAN. *lib. 7. pag. 600. Sarmatæ nobis de pace quotidiè supplicant.* Il en faut croire de même à de certains auteurs; à quoi si j'ajoûtois une infinité des preuves du contraire tirées de nos auteurs Polonois, on les croiroit peut-être partiales, comme par la même raison on pourroit supposer qu'un Romain a voulu ôter quelque trait des fastes de nôtre Patrie. Néanmoins OVIDE ne s'accorde nullement avec eux, il rabat dans ses vers parfaitement l'arrogance des Romains, *maxima pars hominum nec te pulcherrima curat, Roma, neque Ausonii militis armatimet.*

Curat Roma ne signale pas les victoires tant vantées.

Trajan qi le seul s'avanca le plus loin, du côté des Sarmates, mais il n'est pas devenu leur vainqueur. *Tetendit deinde iter per Daciam, atque omnes Gotticos populos famâ rerum territos aut in deditionem aut in amicitiam recepit.* VOPISCVS *in vit. Probi pag. 293. In amicitiam recipere* est un doux joug, mais il n'a jamais passé le Dniestr ou Tyras, ni au de-là des monts de la Transsylvanie ou ancienne Dace, il a reconconquis la Dalmatie sur les Slaves qui jusqu'alors étoit à eux, mais ce même Trajan au retour se fit apeller *Dacicus & non Sarmaticus*, surnom apparemment qu'il n'a pu usurper qu'à juste titre, ou bien Galien *Sarmaticus non Pannonicus*, s'il avoit conquis ce païs là, comme *Germanicus* après la conquête de la Germanie, Scipion *Africanus* de l'Afrique. Voici encore un monument inébranlable qui subsiste jusqu'aujourdhuy, & qui peut paroître clair comme le jour aux yeux des curieux voyageurs. Les Slaves ayant eu à faire à Trajan, & le voyant s'aprocher toûjours de plus près, jetterent un rempart pour mettre à couvert leur païs depuis la Moldavie passé le Dniestr, en renfermant cette vaste etenduë de plaines jusqu'au Boch autrefois HIPPANIS, & depuis le Boch jusqu'au Dniepr ou Boristhene, en passant par le Fort de la Ste TRINITE, par les villes Satanow, Krzemieniec, Duché d'Ostrog, Winnica, Lisianka, enfin une espece de muraille de la Chine; Ce vallon garde jusqu'à present le nom de TRAJAN contre qu'il fut elevé.

Son Successeur fut bien plus malheureux, car au dire de Mr. le DU-PIN il fit un Traitté avec le Roi des Roxolans dans un voyage qu'il fit en Illirie.

Il faut

Il faut dire en passant quelque mot sur la puissance de Romains, BARONIUS celebre historiographe parle en ces termes „ *Gallus* persecutant la Chretienté „fut puni, & tout son Empire avec lui, „car étant pressé de ses voisins, il fut obli- „gé d'accepter la paix chez les Scythes & „les Barbares, promettant de payer une „certaine somme chaque année. „ EUSEBE veut dire peut être la même chose, faisant les nations au delà du Danube formidables, & auxquelles jusqu'à Constantin les Empereurs donnoient des sommes considerables chaque année, & Constantin même payoit un certain revenu aux Gots & aux Sarmates ou Sauromates. BARONIUS n'oublie pas cette circonstance dans la vie de Constantin, & que c'étoit cet Empereur qui usa de la politique de broüiller les Scythes avec les autres peuples de la Sarmatie, & profita de leur désunion. Au surplus je renvoye le Lecteur à ZOSIMUS où il est très expressément marqué que Constantin le Grand a été battu par Rausimodus Roi des Sarmates par terre & par mer.

Ayant touché aux epoques les plus considerables de antiquité, je m'aproche du siécle de Clotaire Roi de France. AIMON dit *Liv. 4. Chap. 3.* que ce Prince en sub-

ſubjuguant les Slaves s'en étoit vangé de ce qu'ils inquietoient les Turinois, & dans un autre endroit il continue de dire que les Slaves s'étant broüillés avec les Huns, informés une fois de la foibleſſe de leur Camp, ils ſe laiſſerent perſuader à un François de Sennois de donner deſſus, comme effectivement ils le firent, & les battîrent à plate-coûture l'an 618. & que ce François ne les y porta pas ſeulement, mais il les ména même à cette entrepriſe hardie, dont il fut recompenſé en devenant non ſeulement leur General, mais leur Roi.

C'eſt un fait conſtant que Dagobert Fils de Clotaire continua la guerre avec les Slaves, cela fait donc voir clairement que ſon Pére ne les a pas ſubjugués, mais peut-être les a-t-il battus en quelque rencontre; il faut préſentement examiner les trophées de Dagobert, le même auteur dit dans un autre endroit, que ce Prince diſpenſa les Saxons de lui payer le tribut à condition qu'ils fairoient la guerre aux Slaves. BARONIUS defend mieux les Slaves, & confirme tout ce que je viens de dire, au témoignage de ſon Commentateur SKARGA, qui dit *pag. 729.* que Dagobert Roi de France envoya en ambaſſade un nommé Richard au Roi des Slaves pour lui demander le butin pris ſur ſes ſujets, je le ferai rendre „ répondit le Roi des Slaves„ à condition que „le Roi de France ſera de mes Amis. „

L'Ambaſſadeur animé du zele de la Religion „ nous ne pouvons pas nous al„lier (dit il) avec des gens qui ſont Culteurs „des Chiens„ à quoi le Roi des Slaves repartit, „vous ne faites que vous dire ſeu„lement Adorateurs du vrai Dieu, car „vous commettez des crimes contre ſa „volonté, ainſi Dieu permet que nous „vous mordions comme de Chiens pour „ſe venger des ſerviteurs peu fideles. „

Je me ſouviens que Mr. le Cardinal de Polignac homme des plus inſtruits de la France étoit de l'opinion que Charlemagne avoit conquis la Pologne, j'ai eu l'honneur de l'entretenir une fois à ce ſujet, que la plus grande offenſe de Charlemagne contre les Polonois étoit, qu'ils prétoient ſecours tant aux Saxons qu'aux Hongrois, tous nos Annales le marquent ainſi, & que Leskus un des Princes de Pologne à du perir étant à la chaſſe dans un gros bois, ou à une bataille, qui s'eſt donnée ſur l'Oder; or il eſt très probable & à la maniere qui ſe pratique toûjours en Pologne, que le païs n'eſt pas couvert de fortereſſes, l'on profite des foſſés natu-

naturels c'est à dire du courrant d'Eau de quelque fleuve pour étre en sureté, alors les Polonois faisoient de méme, comme ils avoient l'Oder & la Vistule près de leurs sources, ces fleuves n'étant qu'à quelques lieües l'un de l'autre; person-„ ne Monseigr. (ai-je ajoûté) n'est mieux au„ fait de la Pologne que Vôtre Eminence„, Elle sçait que la Pologne au delà de la„ Vistule est quinze fois plus grande qu'„ elle ne l'est en deça, ainsi la Conquête de„ Charlemagne étoit peu considerable à„ l'égard de tout le Royaume, d'ailleurs„ aucun Auteur ni Etranger ni Polonois„, ne rapporte que ce païs soit resté à Char-„ lemagne, & qu'il l'ait garni de places„ fortes. „

Il est certain que Charlemagne ayant de frequens demélés avec les Polonois y envoya Charles son Fils, qui défit une partie de leur Armée, & ayant amêné des prisoniers avec lui à Paris, on les apelloit du nom de leur nation *Esclaves*, voulant dire des *Slaves*, & c'est de là qu'est venu le terme d'*Esclave*.

La chose peut étre veritable, je ne la dispute pas, mais ni tous les Slaves n'ont été alors à Paris, pour que Charles se pût dire maître de la nation, ni aucune armée n'est restée dans le païs pour se pouvoir attribuer à juste titre la possession du païs, car nous voyons souvent qu une bataille perduë ne fait pas perir un nation entiere.

Skarga dit que les Allemans les appellent Beims pag. 854.

Il faut présentement raporter des sentimens d'autres auteurs pour laisser la liberté de penser ce que l'on veut des têms auquel a écrit BARONIUS, qui dans SKARGA parle ainsi. „ Charlemagn dit il, „ a envoyé l'an 805. une Armé „vers les Slaves apellés Biemannes, qu „veut dire Bohemes,& gagna la bataille, en „tuant leur General nommé Lichon, d „ce nom (dit il) furent apellés les Grand „du Royaume de Boheme„ comme Le chus nôtre Prince fut apellé à peu-prè du même nom, ce passage fait voir que ce n'est pas nous, qui avons été dé faits entiérement par l'Armée de Charle magne, mais les Slaves Biemans, *Bohem sicut cæteri mortalium originem quam vetustis simam ostendere cupientes Slavorum se genu asserunt*, KRANZIUS *L. IV.* le mêm ajoûte, que Charlemagne étoit emû de plaintes que lui fit un certain Raganu Prince des Huns, dejà Chrêtien, combien il soufroit des Slaves Biemanes, qui lu ont fait abandonner le païs par les cour ses continuelles qu'ils faisoient dans so Royaume; quant à nous, jamais les Po lonoi lonois connus dejà ſous ce nom, n'ont eu à faire à aucun Raganus, ni aucun Prince nommé *Lıcbon* n'a regné en Pologne. Bien des autheurs cependant diſent comme Mr. DU-PIN que le vainqueur s'avança vers l'Elbe, & fit un traitté avec les Eſclavons, or quand on eſt obligé de traitter avec quelqu'un on ne lui commande pas.

CROMERE raporte le plus fidelement & le plus amplement les circonſtances du Regne de Lechus II.,, *Blondus & Sabellicus* diſent, que Leon Duc de Boheme fut tué par Charles,, il pourſuit ainſi; *nil vetat Polonis & Bohemis eum præfuiſſe, tam* DLUGOSSUS *autèm cum Gallo, quam* BLONDINUS & SABELLICUS *Carolum eo bello fines depopulatum repreſsis modo hoſtibùs, citò ad Patrem revertiſſe memorant,* il pourſuit après ainſi, *ſecundum* SABELLICUM *interfecti Filius de quo nùnc agimus, Legationem Aquisgranum ad Carolum Patrem de pace mitteret, & quidem cùm muneribùs, eaque munera tributi nomine ab eo in horto Carolum ſuum ornante appellata eſſe, poſteà certè id bellum contrà Bohemos ſivè Polonos, quam illud contra Pannonios & Ungaros a Carolo Magno geſtum eſſe ab iis qui res geſtas ejus quoquo modo attigerunt, memoratur. Ante Carolum verò trecentis plus minùs annis quod eos vaſtarit Imperium, Orientis quidem Imperatores nullum per hæc tempora bellum in Pannonia geſſiſſe reperio.* Nous pouvons en toute ſureté nous en raporter à ce que je viens de citer, car CROMER avoüe que Lechus perît dans une bataille contre Charles. Mr. DU-PIN aſſure poſitivement *pag. 158. Tom. IV.* que Lechus a été un Prince de Boheme. Mais il prouve qu'aucune conquête n'en eſt reſtée à Charlemagne, & qu'avant lui pendant près de trois Siécles la Pologne fut en paix du côté de l'Occident, & qu'aucun Empereur de l'Orient n'a eu à faire dans ce têms-là aux Slaves. Les Slaves Abderites fûrent domtés, qui étoient Colonies des Saxons, mais ceux-là n'étoient pas ſous Lechus.

Il eſt certain qu'EGINHARD en faiſant l'enumeration des nations que Charlemagne avoit ſubjuguées, nomme les Velatebes, Sorabes, Abderites, & les Bohemes, mais cela ne regarde pas la Pologne, puis qu'il n'y compte pas les Polonois „*Velatabi, Sorabi, Obotriti, Bohemani devicti*, il ne dit pas *Slavi* ou bien *Poloni*, CUREUS dit *Polonos autem terruit*, icy on remarquera qu'il n'a pas oſé d'avancer *vicit* mais ſeulement *terruit*, ce même auteur dit *ex vicinis Provinciis ſubito Poloni Al-*

ſatos

[illegible] ejecerunt. SIGOBERT, quoiqu'il [illegible]t avancé que les Slaves furent dom[t]és par Charles, mais il dit, les *Slaves*, [s]ans faire de diſtinction, & il ne s'en[s]uit pas de là que les Polonois fuſſent ſub[j]ugués comme une nation Slavonne, car [c]os Slaves portoient deja le nom de Polo[n]ois. Il me ſemble que comme les Po[l]onois étoient connus alors pour un peu[p]le belliqueux, pour diminuer l'opinion [q]ue l'on avoit d'eux, & pour augmenter [l]a gloire de Charlemagne, on a pu don[n]er aux vaincus le nom de Polonois, pour [n]e pas omettre cette circonſtance ſi favo[r]able qui paroiſſoit donner de l'étenduë [a]ux conquêtes de ce Grand Prince. Il [f]aut donc qu'il aït entendu ſimplement [d]es Slaves, qui ſe ſont mis auparavant en [p]oſſeſſion de l'Allemagne.

D'ailleurs quel beſoin auroit eu Char[l]emagne de ſe fortifier ſur le bord de l'El[b]e & de la Sale, comme on le trouve [d]ans BONFINIUS? pour avoir en ſu[r]eté ſes trouppes contre les courſes fre[q]uentes des Slaves, s'il les avoit genera[l]ement conquis? Mais quelque choſe qui [d]efend comme un Atlete invincible l'hon[n]eur de la Pologne, ce ſont les FASTES [d]e XVII. PROVINCES UNIES, où on [l]it la deſcription de étenduë de l'Empire de de Charlemagne, qui commence dès Bulgares jusqu'aux Eſpagnols, & en travers depuis les Danois jusqu'aux Calabres, en exceptant quelques païs voiſins, comme la Pologne, la Boheme, la Dalmatie, l'Iſtrie, la Brétagne & Veniſe.

Ainſi ſi SABELLICUS comme nous venons de dire fait mention que les Polonois ont envoyé à Aix la Chapelle leurs Ambaſſadeurs avec des préſens à Charlemagne, il ne prouve pas bien par là qu'ils étoient ſous ſon joug, car un Royaume donne par forçe à ſon Vainqueur ce qui lui eſt impoſé, & ne fait pas des préſens; d'àilleurs ſi ce fut des préſens ſi conſiderables, l'on peut voir encore aujourdhuy que les Royaumes & les Republiques envoyent à divers Monarques des préſens magnifiques, pour cultiver leurs Alliances, ſans que cela paſſe ſous le nom de quelque tribut; comme un Roi de Chypre envoya divers dons d'une très grande valeur à Jagellon pour le porter à ſuſciter les Turcs contre les Venitiens, ſans qu'il ait jamais penſé à ſe rendre ſon Vaſſal.

Cela une fois établi voyons les Regnes de quelques Rois de Pologne plus recens ſans paſſer ſous ſilence quelques opinions de de divers auteurs, mais en tout endroit j'àvertis, que j'ai taché comme dit LUCIEN de n'avoir aucune Patrie, pour ne pas abuser de la credulité du public. Ce que DITMARUS écrit de Miecislas, semble étre sans fondement, car ce Prince étant devenu Chrêtien d'un payen, comment auroit-il pu étre persecuté par un Empereur Chrêtien, & étre obligé à lui payer le tribut, d'ailleurs ce tribut n'a donc été qu'une fois pratiqué, car Boleslas Chrabry, eut plusieurs rencontres sanglantes avec Henri II; & son Pere Miecislas ayant été porté par le Senat obtint la Couronne de Benoit VII. par son Ambassadeur Lampert Evêque de Cracovie, à qui ce Pape dît peu avant, *in brevi Coronam exaltando dabit Deus Polonis*, mais l'execution de ce grand dessein a été contredite premierement par la mort inopinée de cet Ambassadeur à Rome, & puis par l'arrêt de la mort du Roi qui lui présenta une Couronne plus glorieuse, qui l'attendoit, pour le salut qu'il a procuré à tant de millions d'Ames avec la sienne. Ainsi fut interrompuë la negociation pour obtenir la Couronne à la Pologne. Cromer Liv. 3. pag. 35.

Pour conclusion il faut distinguer à qui nois Rois doivent leur Diademe jusqu'alors assez connus sous le bonnet Ducal, la

Couronne fut promiſe comme nous venons de le dire à Miecislas Premier Chrêtien, comme par échange de ce qu'il procura à l'Egliſe un Roïaume de plus, il ſemble donc que la Pologne la devoit au ſeul Vicaire de JESUS CHRIST, puisque lui ſeul l'en ôta bien tôt après ſans demander à quelque autre Prince la permiſſion ou ſon conſentement. Alors la ſuite de pluſieurs Princes Maîtres de la Pologne fit voir clairement leur peu d'attachement pour le vain honneur des titres de leurs Ancêtres, qui n'ont jamais précedemment aſpiré que portés par les perſuaſions à ſe nommer Rois. Le St. Siége ayant une fois aſſuré la Couronne par l'Evêque de Cracovie au Prince Miecislas pour ſes bonnes oeuvres, il l'ôta à celui qui fût l'oprobre du monde & de la nation, pour revêtir de cette dignité un Prince plus vertueux.

Boleslas I. Fils de Miecislas ne fut guerres diſpoſé apparemment à payer ſon contingent, car il a eu des guerres cruelles, comme diſent nos auteurs en defendant ſa liberté, il fut vaincu à la fin, & fit la paix, on ignore à quelles conditions, la memoire nous ravît les points du Traitté.

MIECHOVITE *pag.* 80. nous a laiſſé ſeu-

seulement, *quod Boleslaus ad Lotherum discessit, postulavit Lotherus trium annorum quietem nè frustraretur in Italia subsidiô Bohemorum, cui aquievit Rex, reversus ex Italia jubet Boleslao Imperator homagium è Pomerania & Rugia reddere, sed respondit Rex Terras Polonorum nunquam tributarias Imperatori fore.*

THEOD. ENGELHUSIUS conclut à la fin: *Tributum enim quod a Boleslao exactum non Poloniæ sed Pomeraniæ & Rugiæ nomine præstitum fuisse ex citatis modo verbis patet.* LONGIN confirme aussi: *Lotharium à Boleslao tributum Pomeraniæ Rugiæque nomine tanquam ad Romanum Imperium pertinentium poposcisse*, il ajoûte pourtant *Boleslaum illud negasse quod eas suas Provincias esse affirmaret*, il est certain qu' Otton III, étant venu par devotion visiter le Corps de St. Albert à Gnesne fut regalé des dons si précieux, comme des vases d'or, des perles. &c. MIECHOVITA. *Imperator miratur Boleslai magnitudinem* LONGIN *pag. 129.* Et si un auteur Polonois peut étre partial, un auteur Alleman KRANZIUS *Lib. II. Cap. XXXV. & VI.* en dit bien d'avantage: *Insinuabat Boleslao adventum suum ut illi permitteret in Civitate pro dignitate hospitium, gavisus ille, dignationem interpretatus, quod a tanto Principe ter-*

 ra

ra ejus inviſeretur, non facile dictu eſt, quanto honore, quo apparatu, quo magnifico inſtructu Imperatorem venientem exciperet. Vidit Imperator in Civitate Ducis & in Manſione Principis eam, quam non putabat opulentiam, magnificum in omni civilitate apparatum, miratus miniſtrorum ordinem, vaſorum poculorumque ex materia & arte præſtantiam, generoſum Principis animum cuncta per hilaritatem largitatis majora facientem. Non putabat Imperator in ea gente tantum ſplendorem extitiſſe, unde converſus in ſuos: Depoſcit huius in nos meritum viri, ut aliquo viciſſim a nobis magnifico munere decoretur, cernimus nihil deeſſe tantis opibus & regni amplitudini, quam ut majori fulgeat nominis dignitate, ſi Regem appellaverimus & Amicum Romano Imperio aſcribamus, nihil indignum & rebus & viro feciſſe videbimur. Probant Principes Imperatoris Conſilium. Igitur evocatum Boleslaum Imperator his verbis alloquitur: Oſtendiſſe nobis animi tui magnitudinem nobis gratulamur & vicaria te remuneratione decoramus. Regium tibi nomen damus & honorem, & te Romani Imperii Socium Amicumque Caſareæ Majeſtatis ex hoc die aſcribimus.

BARONIUS en parlant de cette ceremonie dit expreſſement: *Porro cum audis tot Sacra munia exhibita ab Imperatore; ſcias malè ipſi ut Auctori eſſe tributa, quæ Legatus à Latere*

Latere cum eo missus Archidiaconus Cardinalis S. R E. sua auctoritate facienda curavit. Quoiqu'il en soit, l'Empereur fut reçu si splendidement de Boleslas, qu'il ne pouvoit lui donner d'autre titre que celui de Roi & d'un Roi puissant à cause de ses richesses & de l'étenduë de son païs, lui prometant de n'exiger aucune contribution qu'il prétendoit jusqu'alors de son Pere.

BOLESLAUS CHROBRUS *Miecislai Filius primus Regis titulum accepit conferente Ottone III. Imperatore anno MI. Unde Poloniam tunc temporis Imperio Germanico tributariam fuisse colligunt. Qua de re tamen cur dubitari possit, ratio est, quia Principum Jus dignitates conferendi etiam extra subditos se extendit, veluti Reges Angliæ & Hispaniæ alios Principes, Equites Aurei Velleris & Periscelidis creant, quos tamen ideo pro subditis non habent. Extantque hodienùm in Polonia titulō Principum Imperii, Principes Lubomirscii, Radzivilii, &c. citra ullam ab Imperio dependentiam. Otto Imperator igitur eodem modo potuit Regem Poloniæ creare, non vero Poloniam, ideo subjectam habuisse, Cap. 8. de Regno Pol. num. 2. pag. 677.* BECKMANUS.

HELMOLDUS confirme la même verité en ajoûtant: *Boleslaus Polonorum Christianissimus Rex confœderatus ab Ottone III. omnem*

omnem Slaviam, *quæ eſt ultra Oderam tributis ſubjecit;* mais non pas la Pologne qui eſt *citra Oderam.* Au ſurplus ce même Otton ayant projetté de s'allier avec un Prince ſi puiſſant que Boleslas, lui mît la Couronne ſur la tête à table, en lui donnant en mariage Rixe Fille de ſa Sòéur Mathilde née de Hernfriede Comte Palatin. On avoit enſuite renvoyé cette même Rixe à cauſe qu'elle excitoit des broüilleries entre les Freres du Roi ſon Epoux pour le gouvernement, cette eſpece de repudiation marque peu d'égard pour ce même Empereur. Il eſt encore à obſerver la façon particuliere du couronnement de Boleslas fait par Otton; les Auteurs diſent comme cy-deſſus que l'Empereur ôta ſa Couronne & la mit ſur la tête de Boleslas étant à table, je donne à reſoudre au Lecteur, ſi c'eſt la coûtume ordinaire qu'on obſerve dans un acte auſſi reſpectable qu'un couronnement doit l'être? mais apparemment il n'a fait ſimplement qu'effectuer la promeſſe du Pape, & vrayſemblablement il ne l'a pas fait ſans la participation du St. Siége; Perſonne n'ignore qu'à Rome on couronnoit les Empereurs mêmes, comme Charlemagne l'a été par Leon, à plus forte raiſon les Empereurs n'en pouvoient pas diſpoſer

ſer ſans le conſentement du Pape en faveur des autres.

Cependant cette Couronne n'a été portée que par quatre Princes conſecutifs, puisque elle fût ôtée pour le meurtre de St. Stanislas Evêque de Cracovie à Boleslas ſurnommé l'Audace, & dans l'intervalle de 214. ans Premislas la reprit de ſa propre volonté ſans aucun conſentement des Empereurs. Ainſi la Couronne que les Rois de Pologne portent aujourdhuy n'eſt pas celle du tout dont ils ſoient obligés à quelqu'un, qu'à l'effêt de leur puiſſance, puisque Premislas fit mettre au tour de ſon ſceau: *reddidit ipſe ſolus victricia ſigna Polonis. Ipſe ſolus*, fait voir une independance abſolüe. Pluſieurs Hiſtoriens en font foi, ils diſent que la Pologne n'avoit jamais ceſſé de donner le titre de Roi à ſes Princes & qu'ils l'ont toûjours gardé interieurement. SZULTIUS dit: *Caſimirus ſe nominat Regem Poloniæ*, par conſequent il n'en avoit obligation à perſonne.

KRANZIUS fait mention *Lib. VIII. Cap. I. & II.* comme ſi Vladislas le Cubiculaire païoit le denier de S. Pierre par obligation pour la Couronne, & Caſimir ſurnommé le Moine le faiſoit auſſi. Or chez tous nos Auteurs il eſt rapporté pour une

une verité inconteſtable que Caſimir étant Moine dans l'Abbaye de Clugni n'en put obtenir la diſpenſe du Pape qu'à de certaines conditions, entre leſquelles celle-là fut des premieres ; ce n'eſt donc pas un tribut dû par les Polonois au St. Siége, mais une reconnoiſſance de la permiſſion de ſortir du Couvent & de porter la Couronne ; & Vladislas étant exilé par trois fois du Royaume alla auſſi à Rome implorer le ſecours du St. Siége, où ayant fait la convention de payer le denier de St. Pierre pour qu'il remontât ſur le Trone, le St. Siége a engagé le Clergé dans ſa faction & autres Princes ſes alliés, & Vladislas vint avec le ſecours d'AMADEI, Palatin d'Hongrie à Cracovie, & en conciliant les Eſprits il fut reſtitué à la Couronne WAPOWSKI *ſub vita Venceslai Regis pag. 208.*

Cependant les Polonois n'accepterent cette condition que pour un certain tems, ils l'ont offerte volontairement & gratuitement, comme on en voit la memoire dans nos ſtatuts, où il eſt dit. *Nuntii poſtulabunt ut Annatas, non ſolvamus, quod ſi non acceptabit Beatiſſimus, nos non dabimus amplius. Nullam ex hac cauſa Regno Polonico a Pontificibus M. motam ſtatus controverſiam, ut in ſignum ſubjectionis tributum ob illo exactum teſtentur archivorum in Curia Romana ta repertorum monumenta*, PALLAVICIN. *in Historia Concil. Trident.*

Mon Lecteur me pardonnera bien cette digression en faveur de la verité.

Revenons maintenant à Boleslas I. Il subjuga la Boheme, & tint prisonnier Boleslas Duc de Boheme avec Jaromir & Udalric ses Fils. Il fit choix de ce dernier pour regner en Boheme, avec des conditions néanmoins très dures, lequel s'étant allié avec Henri de Baviere fût chercher sa Protection. Or si les Rois de Pologne avoient un têms propre pour faire des conquêtes si considerables, naturellement ils auroient préferé l'avantage de leur liberté à toute autre gloire, & la conquête du Roïaume de Boheme, & d'une partie de la Moravie n'auroit pas été leur premier point de vuë; cette conquête de la nation Slavonne, ayant quelque conformité de langue & de meurs avec les Polonois leur rendit l'hommage, *Dominium Chrabri à Fluvio Sula quæ in Boristhenem exoneratur ad Fluvium Sulava usque in Saxoniam veniens in cis marinas Provincias Slavorum, eas subjugando, sciebat enim eas de femore Regum Poloniæ processisse, idcirco Consobrinos vocabat, non tributum sed obedientiam ab eis exigens.* MIECHOVITA sub an. 1012. Tout reconnut sa Domination, & les Colonnes

Cromer pag. 37. Liv. 31.

N

nes que ce même Boleslas planta dans la Sale, Offe, & Borifthene firent voir que l'étenduë de fon Royaume fut un compofé de plufieurs autres. Le même auteur & par l'anacronisme du têms, & par d'autres preuves bien fondées fait voir clairement le peu de foy que l'on doit ajoûter à Cagecus qui a écrit ce qui lui a plu fans citer aucune autorité; mais voici l'opinion de LAMPERT plus fondamentale & moins fufpecte de partialité. Il dit que l'Empereur vainquît les Bohemes & les Slaves par deux victoires l'une en 1015. & l'autre 1017. & leur Prince Boleslas; mais ce qui a fait cette confufion fi abfurde, eft que Boleslas I. regnoit alors en Pologne, & chez les Bohemes un autre Prince de ce même nom; Il eft à confiderer que toutes les fois que les auteurs parlent de Miecislas, Boleslas & Vladislas, cela ne regarde pas toûjours la Pologne, car il y a eu en Boheme, en Vandalie, Pomeranie, Moravie, Slavonie quantité de Princes de ce nom, *an Boleslaus (quisquis is fuerit Polonus, Bohemus, vel alius Slavus) tot præliorum Victor, tot urbium expugnator, armis potentior, Imperii Romani terror, & vel ipfo nomine invifus, Ottonis III. & Henrici II. imperata facere neceffe habuerit?* SCHULTZIUS *in Polonia nunquam tributaria.*

toria. Les Bohemes sont aussi bien Slaves que les Polonois, jointe à cela l'attention que l'on doit faire & qui decouvre le pot aux roses, que Boleslas Chrabri regnant en Pologne indigné de la mort de St. Albert eut alors une guerre fort longue & sanglante contre la Prusse en 1015. encore barbare.

Miecislas II. avec Conrad II. ne fut pas plus en paix, à l'occasion de sa vie je raporte les propres paroles de l'auteur: *Neque vero Polonos Principes cuiquam omninò Imperatori Romano unquam tributarios fuisse, isti vetustioribus & fide dignis testimoniis aut argumentis doceri possunt*, il poursuit mot pour mot ainsi; mais quand les Allemans avoient pris quelque partie de la Pologne, ou par la voye de la guerre, ou par sedition, d'abord ils se croioient Maitres de tout le païs. *Sæpe quidem Germani Polonos sub Imperium objicere tentarunt, sed inanes eorum conatus eluserunt Poloni, qui etiam Silesiam & Prussiam ab Imperio Germanico avulsam suæ ditioni adjecerunt. Quod Prutheni Equites cum molestissime tulerint ac sæpissime apud Imperii ordines de contumelia ista quæsti sint, nihil tamen Imperatores audendum sibi putarunt adversus Polonos, a quibus antea Germanorum Exercitus repulsos ac fractos esse intelligebant. Neque tamen Poloni a Pontifi-*

 cibus

cibus Rom. regia scepta capere dubitârunt. Lib. I Cap 9 pag. 203 BODINUS.

Aussi trouve-t-on l'histoire de Pologne en trois Tomes écrite par un François du Regne de Boleslas III. où il n'y a aucune mention ni du Frere de Miecislas, ni de Conrad, on ne peut pas accuser celuici de l'amour pour sa Patrie, & ni Lampert ni Hermanne ne l'ont refuté, quoiqu'ils n'ayent rien omis de ce qui peut enfler la gloire de leur nation, eux mêmes étant des auteurs très anciens, mais en voici un qui distingue les deux Miecislas fort evidemment. *Vandalis illatum bellum quod Misico, qui ineptè cum Miscone Poloniæ Rege confunditur, fratrem suum Ottonem ditione exuisset qui ad Imperatorem confugit; Vastati inter Salam & Albim a Miscone plures quam centum pagi, abducta MVM hominum. Conradus absque ulla gentis injuria reduxit Ottonem, & Miesconi in angustias redacto & petenti pax concessa eâ lege, ut abductos homines & prædam restitueret. P. 4. L 3. pag. 272.* HELMOLDUS.

Casimir avec Henri IV. fut plus ami que son Pere, & Lampert dit, que cet Empereur aïant convoqué le Roi de Pologne & celui de Boheme, il leur a trouvé fort mauvais de ce qu'ils se faisoient la guerre aussi cruellement.

Cet-

Cette reprimande comme à des Parens & à ses alliés par l'Ayeule de Casimir rendoit-elle l'Empereur plus Souverain? ou bien à l'Assemblée de Lucko où furent invités tant de Princes, la superiorité que l'Empereur a procuré sur quelques Princes à Jagellon? Les auteurs ne nous ont dit rien de semblable par rapport à la souveraineté de l'Empereur.

Le parti contraire pourra faire l'objection à Boleslas le Hardi, mais ce Prince a pu faire ce qu'il a jugé à propos, car l'Empereur Henri III. fut assez occupé de la conservation de son propre diademe, sans penser à en avoir d'autres à lui.

Quant à Vladislas Herman, il eut la Fille de Henri IV. ainsi en faveur de cette proximité aucun tribut apparemment ne lui a pu étre imposé, mais plûtôt une inclination naturelle se trouvoit d'une part, & une veneration bien placée de l'autre.

Le Regne de Boleslas III. surnommé Crivouste confirme encore mieux nôtre verité, car outre la défaite memorable sur le Camp de Chiens, ou *Psie Pole* à une lieüe de Breslau en 1109, il battit encore Svantopolk Roi de Boheme, MIECHOVITE dit fol. 70. *Boleslaus Henricum IV. Imperatorem in Bamberg accessit, excusando se de retroactis bellis in Silesia, & asserens se & Gen-*

Gentem ſuam nunquam ſerviviſſe, nec tributa à Prædeceſſoribus ſuis Imperatori praſtitiſſe, ideoque in priſca libertate ſe ſe conſervandum poſtulavit, Imperator verò eô benignè & honorificè ſuſceptô pro voto ſe facturum omnia ſpoſpondit. Il affermit cette paix avec Henri par l'Alliance qu'il contracta avec ſa Sòéur Adelhaïde, & ſon Fils avec Chriſtine Fille du même Empereur. Et dans le reſte de ſon Regne il ne fit qu'entaſſer trophée ſur trophée, comme nous le verrons dans ſa vie. Tome II.

La vie de Vladiſlas II. fut ſi ignominieuſe, qu'a cauſe de ſon eſprit indolent il perdit le Royaume, voulant faire du tort à ſes Freres, il s'enfuït en Allemagne auprès des Parens de ſa Femme.

Boleslas le Crepû fut preſſé par des repreſentations ſouvent reiterées de Conrad III. de rendre le gouvernement du Royaume à ſon Frere, à quoi toutes-fois il oppoſoit l'impoſſibilité de le faire, tant par ce qu'il vouloit garder cette autorité confiée du Senat, que par ce que Vladiſlas étoit trop haï des ſiens, mais voulant s'allier contre ſes perſecuteurs avec l'Empereur, il lui envoya des préſens, ce que Barberouſſe voulut avoir auſſi, mais voici ce que Gvagnin dit, Italien de Nation, *quod cum Rex ſtrenuè recuſabat, quà de cauſa*

sa Imperator in Silesiam exercitum duxit, sed pluribus damnis à Polonis affectus, re infecta Pag. 25.
discessit. Cæsar illatum sibi à Boleslao damnum & contumeliam sæpè revolvens Glogoviam ubi Boleslaus erat tentavit, sed irrito conatu pag. 155. & 156. DITMARUS, *repetita in Boleslaum expeditio eodem infelici successu pag. 162.* Ensuite il eut le même sujet de discorde avec Frideric Barberousse, & Vladislas n'a jamais pu venir à bout de ce qu'il meditoit.

Ce même Frederic prétendoit des Polonois 500. Marcs d'Argent qu'il disoit être dûs dépuis un nombre d' années, mais Boleslas lui fit dire selon Longin Archevêque de Leopol, qu'il aimoit mieux de perdre sa vie & celle de sa Nation que d'étre feudataire des Allemans. Ce qu'on lit aussi dans MIECHOVITE *p. 91. Fridericus Barbaroussa misit Legatos ex Herbipoli requirendo Boleslaum Crispum ut Vladislao redderet Patrimonium & ut 500. Marcas argenti singulis annis ad ærarium Cæsaris inferret. Respondit Boleslaus Germanis ex restitutione Fratris bellum civile Patriæ esse & sub Imperatoribus atque tributis nunquam fuisse Regnum Poloniæ. Rogarunt & inde Nuntii ut contra Ducem indignatione non moveatur.* Voyant Barberousse qu'il n'avoit rien à ménager, entra en Pologne, où étant

étant détourné par bien des difficultés, il entremît la mediation des Bohemes, lesquels persuaderent aux Polonois, qu'il étoit avantageux de vivre avec l'Empereur en paix, Boleslas l'accepta, & le traitté fut arrêté, où les deux clauses entrerent; de donner quelque appanage à Vladislas, & que Boleslas donneroit à l'Empereur des trouppes Auxiliaires pour faire le Siége de Milan contre la faction des Gibellins.

Une convention entre les Princes passe-t-elle pour une obligation invincible? ou bien les Rois qui se donnent des Trouppes Auxiliaires sont-ils dépendans l'un de l'autre? Boleslas fut un grand Prince, il a voulu signaler son courage, & l'ofrit volontiers pour rendre son nom & celui de ses trouppes celebre dans les païs étrangers.

Miecislas ne regna que 4. ans, Casimir envoya en Terre sainte son Frere Henri, quand Godefroy passoit par la Pologne avec la permission du Roi, l'Empereur fut occupé de cette guerre, où par un cas particulier mais funeste il perdit la Vie.

L'aigle de la Pologne a blanchi dans les travaux de la guerre, maïs non pas sous le poids de quelque joug, il ne respiroit que son Element naturel deliberté.

Il est

Il est néanmoins trés certain que les longs interregnes dans l'Empire ont fortifié beaucoup les Libertés des Polonois, & qu'autrement ils auroient pu tomber dans les filets. Mais l'interregne de 18. ans, un autre de 25. vers l'année 1000. a afoibli les forces de quelques Princes, & a augmenté celles des autres.

Jusqu'à present nous avons prouvé suffisament que tous les Princes dont nous avons fait mention, ou ils s'allioient avec les Sòéurs ou Filles des Empereurs, ou ils étoient en guerre avec eux, mais ni l'un ni l'autre ne peuvent servir de conviction, qu'ils aient été dans une situation de relever de leurs Rivaux, ou de leurs Alliés, outre que d'ordinaire quand les Allemans gagnoient des batailles ils pretendoient des contributions, & quand les Polonois remportoient quelque avantage sur eux, ils se contentoient du seul butin de l'Ennemi, ou de quelque Province qu'ils mettoient à feu & à sang.

En dernier, si quelque notion se trouve de quelque somme donnée, que l'on veut faire passer sous le nom pompeux de tribut, les subsides ne sont pas toujours des marques de tribut; ainsi les Polonois donnoient aux Tartares un contingent des peaux (qu'ils portent) c'est à dire contribution, cependant ils n'ont jamais dependu d'eux, les Empereurs d'Orient même en donnoient aux Slaves comme nous avons dit cy-devant, cependant ils n'étoient pas pour cela leurs Tributaires. De même les Anglois païoient de certaines sommes aux Danois, ceux mêmes au XV. Siécle avoient une pension de Louis XI. qu'ils reçevoient sous le nom de tribut. Les François aussi en païoient une aux Normans.

Je conclus que les Empereurs même Romains achetoient à un gros prix la paix pendant bien des années des Marcomans, Bulgars, & des Avares, peuples de la Sarmatie Européenne.

SECTI-

SECTION IX.

LA COURONNE DE POLOGNE A TOUJOURS ETE ELECTIVE ET NON HEREDITAIRE.

Dans les anciens têms particulierement dans les Siécles où l'on avoit encore une idée recente de la création du premier homme, on ſe ſouvenoit de l'excellence de ſon étre. On ne connoiſſoit point ces détours ſecrets pour aſſujettir les peuples à une ſeule perſonne. Leurs Chefs regnoient parmi eux comme les Péres dans leurs Familles. Tous enſemble contribuoient à l'integrité du païs, & au ſalut de l'Etat. Le conſeil étoit diſpoſé & partagé parmi les anciens & les plus agés, c'eſt de-là peut-étre que ſont iſsüs les Senats. Ce n'eſt que dans les ſiécles ſuivans que les intrigues accablantes & une politique odieuſe ont pris la place de la droiture, & de la douceur, on a ſubſtitué l'ombre au corps, & la diſſimulation à la realité. L'envie naturelle de ſuperiorité, l'inclination naturelle pour ſes

Enfans, la peur de rentrer dans l'inferiorité, ont conduit directement à la Monarchie, ce que dans bien des circonstances on pourroit apeller despotisme.

Les anciens Legislateurs que le merite personel & distingué, l'amour des peuples, & une valeur decidée avoient elevés au dessus du commun, n'ont point recherché à étre dépositaires de cette puissance souveraine & absolüe, qui sappe les fondemens de l'independance & de la liberté, qui rapelle à l'homme les privileges de son premier Etat, & ce qui fait le plus grand bonheur de sa vie. Ces mêmes motifs qui engageoient les nations à s'elire un Chef pour les mêner au combat, les proteger, decider leurs differends, conduire à la conquete d'autres nations, les determinoient aussi à leur donner de leur propre sang des Successeurs, les présumant de veritables heritiers plûtôt de leurs vertus, que de leurs Couronnes. Ainsi l'Essain de nations innombrables accourrües du Nord & d'Orient dans les vastes campagnes où est aujourdhuy située la Pologne, se gouvernoient, elles conservoient inviolablement leurs maximes & ont formé des Republiques, dont nous gardons jusqu'à present de precieux instituts.

Lechus

Lechus & vraisemblablement ses Prédecesseurs ont maintenu les droits, & les libertés de la nation où ils ont regné. Lors que ce Prince entra dans nos vastes contrées il n'y a fait que suivre les traces de ses Ayeux. Or la preuve incontestable d'un païs libre est celle, où l'on peut demontrer que le choix des chefs residoit dans le pouvoir du peuple. Tel fut jadis le droit & le privilege de la Pologne, tel subsiste jusqu'à nos jours. L'antiquité ne nous fournit rien sur la maniere dont regnoit la Famille de Lechus, si la filiation a été observée exactement, ou si les Cadets ou Collateraux par la voye des suffrages emportoient la Couronne de nôtre Royaume.

Après le decès de la maison Lechite nos Annales nous ont transmis l'Election du fameux Cracus qui de Palatin fut fait Chef ou Regent, parce qu'autrefois comme Grand du païs il se faisoit cherir de sa nation, & étant elevé au gouvernement du païs avec onze autres Senateurs, il tourna sur soy les yeux de tous par une conduite sage & droite, au lieu que les autres à cause de leur ambition & jalousie n'étoient point regardés de bon ôeil. Le Dodecavirat fut aboli, & la confiance du peuple fut reunie en la personne de Cracus. Sa Famille ne dura pas long-têms, cependant l'Election de Lechus III. Fils de Cracus fut expediée dans le goût ancien de la nation, Elle prit celui qu'elle trouva à son gré, c'est à dire un Cadet comme étoit ce même Lechus, sans faire attention au droit d'aînesse.

Ici je me crois indispensablement obligé de placer deux reflexions, la premiere qu'un païs est entierement libre quand il se choisit un Chef, & quand la succession ne tombe pas en quenoüille, succession qui n'a jamais de terme; secondement quand on prefere un Cadet à un Ainé, & quand on change totalement la forme de gouvernement, c'est à dire de Democratique le faisant Aristocratique, ou bien au contraire, ces avances considerées on conclurra que le Royaume de Pologne n'a jamais été hereditare depuis son origine comme nous le fairons voir cy-après.

L'An 750. Les Polonois retablirent le Conseil de 12. qui dura près de 30. Années.

Leszek c'est adire Lescus avant son Electiòn nommé Premislas ne nous a pas laissé de vestige de quelle extraction il étoit, mais seulement qu'il battit adroitement l'Ennemi sur la Montagne apellée aujourdhuy Sainte-Croix. Les Polonois par

par la seule reconnoissance du gain d'une action le couronnerent non seulement du Laurier mais encore du Diademe Royal. Ainsi le choix d'un Prince fut en sa personne pratiqué pour la cinquieme fois.

Apparemment les Polonois avoient toûjours en consideration l'opposition de voix, puisque l'Election de Lescus II. étant fort disputée, & même partagée, l'on s'avisa d'un expedient pour la decider. On exposa un pilier hors la Ville de Cracovie, & la Couronne avec le Sceptre dessus, & l'on declara que celui qui y accourroit le premier à cheval l'emporteroit. Il y eut plusieurs Concurrens, mais l'un d'entre eux s'étant avisé d'un stratageme y arriva le premier. Les autres Competiteurs ayant decouvert sa ruse l'accuserent devant le Senat, lequel le condamna à être rompu par les chevaux. L'on proceda à une seconde Election par la quelle on choisit un Roy d'une vile extraction mais très vertueux. Il se faisoit donner tous les jours un habit simple pour se souvenir de son premier état.

La huitieme Election tomba sur Lescus III. de la maniere dessus mentionnée à quelque difference-près, c'est à dire que l'on proposa la course à pieds pour emporter

la

la Couronne. on voit par là le caractere de nos premiers Péres, ſimple, mais droit, barbare à la verité, mais eloigné de toute faction & brigue, d'une foy inviolable ſans la jurer, ne cherchant pas des Alliances, ni puiſſance de maiſons mais un chef brave, vigilant, homme de bien, & eloigné de Tyrannie.

Dans ce gout s'enſuivit la neuvieme Election de Chef en Pologne, puisque les ſuffrages devinrent unanimes en faveur de Piaſte, qui ne fut que KOLODZIEY c'eſt à dire CHARON. Sa mémoire ſera immortelle. Si les Polonois avoient été d'une ſuperſtition & d'une vanité Egiptienne, ils auroient du faire une Divinité de ſa Perſonne. Au tems même où nous vivons, nous le devons regarder comme un homme envoyé du Ciel pour regner en Pologne, car la Chretienneté doit à ſon Neveu l'Union de ce Royaume au Siége de St. Pierre.

A l'Election de Caſimir la Republique avoit droit d'élire un autre que ce Prince, puisqu' il étoit devenu Moine dans l'Abbaye de Clugny. Maſos ou Maslas Grand du Royaume ſe préſenta comme Candidat, mais ſon caractere inquiet & turbulent lui avoit fait bien des Ennemis. Il étoit donc libre aux Polonois de ſe choiſir un un chef & permis aux autres de rechercher la Couronne, non comme dans les états monarchiques qui trouvent leurs ſouverains dans le berceau tels que le ſort de la naiſſance leur indique bons ou mauvais.

Vladislas Hermanne frére de Boleslas, fut préfere à la Couronne interrompant le cours de la ligne droite. Les Polonois ne s'attachant jamais à cette obſervation genante & aſſujettiſſante, ils ſuivoient le penchant du còéur pour trouver une tête capable de les rendre heureux.

Vladislas II. ayant trompé l'eſperance de ſon peuple fut depouïllé de la Souveraineté, & malgré les efforts de l'Empereur, il n'y put jamais étre retabli. La Chronique de Saxe dit: *Cæſar Vladislaum reſtiturus contractum exercitum anno 1146. in Poloniam movet, quam inſeſsîs itineribûs ingredi prohibetur, deducitur res ad Colloquium, & Fratribus tota Polonia permittitur, Vladislao nîl obtinente.* Telle eſt l'etenduë de la liberté Polonoiſe, qu' independamment du droit de l'Election que la Nation avoit, elle privoit encore ſes Prínces de la ſouvraineté, lors qu'ils ſe rendoient odieux. Pag. 298.

Les Etrangers ne doivent pas non plus apeller ce Royaume ſucceſſif depuis le tems de Boleslas III. celuy-ci ayant 5. fils, Vla-

Vladislas, Boleslas, Miecislas, Casimir & Henri, il donna à chacun d'eux une Province à administrer, où se faisant de Creatures & Amis ils gagnerent peu à peu l'affection des peuples, & soutinrent leurs rangs paisiblement. Le Royaume de Pologne administré par ces Princes, ils regardoient le Roy non comme leur souverain, mais comme l'aîné de la Famille, se succedant suivant que la fortune à un chacun étoit propice. Il est evident que c'étoit autant de Provinces ou de Republiques qui avoient leurs chefs, sans égard au rang de Freres, & que tout ne tomboit pas sur un seul, chacun gouvernoit séparement, de la forme de gouvernement independante l'une de l'autre. Le Scavant Pere KONARSKI dans son I. Volume des droits dit, que ce même Boleslas a demandé à la Republique de conserver l'union après son decès, ainsi il faut croire qu'il a eu obligation de la Couronne à la Noblesse: *Frequentem ad se Pralatorum & Baronum convocavit ordinem rogavitque ut se mortuo retineant consensum, ne e discordia Reipublicæ subsequatur interitus & ruina.* LONG. *lib. 4.* Cela fait aussi voir que Boleslas laissoit à l'avenir tout le pouvoir de penser à un autre Prince. L'Auteur cidessus poursuit plus clairement: *Postquam dein-*

deinde rerum publicarum vacillatio Principibûs diversa sentientibus, diversaque jubentibûs oriri cæpit, & Principes quatuor Filii Boleslai juxtá Paternam ordinationem ad Ducatus & terras eis designatas se admitti flagitarent, fit apud Cracoviam generalis omnium terrarum Conventus, ubi post multas deliberationes & varios tractus primò major Vladislaus Patri in Monarchiam omnium Prælatorum & Baronum assensu & ordinatione, successurus decernitur. Secundò ut circà ipsum superioritas remaneat statuitur. Tertiò ipse quoque cæteris Fratribus videlicet Boleslao, Miecislao, Henrico imperitet. Quartò bella conformiter & ex æquo gerant, sed assumendi ea circa Vladislaum autoritas consistat, cæteris non inferendi sed repellendi potestas permissa. Quintò apud Vladislaum quoque Casimirus Quintus Dux Infans relictus est, sibique illius cura tam à cæteris fratibus quam à Poloniæ satrapis & Consiliariis mandata. Cunctis totaliter ordinatis, tribus principibûs Boleslaô Masoviam, Miecislaô Posnaniam, Henricô Sandomiriam secedentibûs, Vladislaus Dux & Monarcha Cracoviæ relictus est. Cela ne prouve nullement un Trone hereditaire ni succeſſif.

Vladislas par ce moyen fut admis au gouvernement, mais il n'en jouît pas longtems pour le mauvais uſage qu'il en fit. *Vladislao qui (voluntatem Patris approban-*

bantibus Ordinibus) Supremus Regni Poloniæ Princeps creatus erat ob malè administratam Rempublicam exactô cum uxore & liberis, concordi Fratrum juxtà Procerum nobilitatisque sententia ad Boleslaum Principatus & summa rei devoluta est, *Cromer lib. 6.*

Miecislas III. monta sur le Trone de son Frere Boleslas, mais il en fut bientôt deposé & exilé, & non obstant les Fréres ainés les Polonois elûrent le Cadet pour leur Prince. *Post obitum Boleslai* dit l'auteur mentionné *Conventus Cracoviæ Fratribus ejus & à Vladislai Filiis Proceribusque cunctis de creando novo Principe constituitur, & quanquam ejus oræ quæ minor Polonia dicitur Procerum & Equitum studiis in Casimirum inclamabant, vicit tamen major pars quæ Miecislaum qui Majori Poloniæ præerat, voluerit. Tamen hic ipse Miecislaus quem deindè præfractè & impotenter dominantem amovendum esse Principatu Polonia censuit, Principatu dejectus est, & Casimirus concordi voto renuntiatur.* Que croira-t-on presentement? la Noblesse n'étoit-elle point le premier mobile des Elections? n'eut-elle pas seule le pouvoir de disposer du Trone, & d'en déposer, comme elle fit avec Vladislas & Miecislas, en prenant leur Cadet, & disposant de la Couronne pour Boleslas & Casimir, du vivant des premiers

miers. Ensuite malgré les Enfans en vie des Freres ainés, les Polonois prirent Helene Veuve de Casimir II. avec son Fils Lescus le Blanc, dont la Mere étant devenuë trop imperieuse, on rapella Miecislas l'Exilé. La guerre civile dechiroit le Royaume, car Helene & Lescus ne manquoient pas d'amis, qui par une douce memoire & reconnoissance envers Casimir Pere de Lescus remirent sur le Trone Helene avec son Fils. Mais cette bonne Princesse incapable de regner fit des nouvaux ennemis à son Fils, lesquels aimerent mieux reprendre pour la troisieme fois Miecislas deposé. Après quoi ce Monarque mourut bientôt las d'une vie remplie d'adversités.

Cependant son Fils Vladislas III. fut preferé à Lescus le Blanc, au prejudice même des Enfans de Vladislas II. Frere aîné, a qui on a seulement donné en appanage le Duché de Silesie, & Henri quoiqu'Oncle de Vladislas III. n'a eu que le Duché de Sendomir. Tant s'en faut que le Droit de primogeniture eut été consideré en Pologne.

L'Election de ce même Vladislas a été briguée par 9. Candidats, sçavoir Boleslas, Miecislas & Conrad Enfans de Vladislas II. Henri leur Oncle, Lescus, Otton,

ton, & Etienne Enfans de Boleslas IV. Lescus le Blanc exilé Fils de Casimir, cependant c'est sur Vladislas Fils de Miecislas que le choix tomba, mais comme souvent les grandeurs corrompent les meurs, ainsi ce Prince fut exilé à cause de ses débauches infames, & la Pologne s'est cruë obligée de rendre à Lescus ce qu'elle lui avoit autrefois óté. Vladislas après avoir perdu la bataille de Zawichost se retira à Posne.

A l'Election suivante on jetta les yeux sur Boleslas surnommé le Pudique, & su ce même Vladislas aussi, mais le merite du premier fut couronné par les vóéux de la Nation, étant soutenu par Henr Duc de Breslau Prince alors formidable en Pologne.

Après la mort de Boleslas les Esprits étoient partagés entre Boleslas Frere de Conrad Duc de Masovie, & Henry Duc de Breslau; Vladislas le Cubiculaire se mi aussi de la partie, maintenu par les Palatinats de Posne & de Calisch, il batti deux fois Henri, & tua deux Princes de ses neveux, reprit Cracovie, mais ayan marqué beaucoup de cruauté dans cette guerre, il a été decidé de l'accord de Palatinats de Siradie & de Lublin, qu Henri seroit Gouverneur de Royaum &

& Tuteur de Premislas dans sa minorité.

Ici l'on peut remarquer que l'on n'avoit pas égard au plus proche, mais on gardoit la politique de changer de Maîtres en interrompant le cours de la succession, Henri le Tuteur étant le plus eloigné alors par sa naissance de prétendre à la Couronne.

Premislas eut un fort Rival dans la Personné de Vladislas le Cubiculaire, qui prétendoit avoir droit au Trone après son Pere Boleslas qui y étant monté uniquement par son merite avoit si glorieusement regné. Cependant Premislas Fils d'un autre Vladislas se soutint, & Vladislas son Rival a obtenu avec l'agrément de l'ordre Equestre le Duché de Sendomir. Premislas mort, Vladislas le Cubiculaire enfin fut elevé au Trone, mais il en fut bientôt deposé pour son indolence & pour ses débauches. Grifine Femme de Lescus commença alors à broüiller l'Etat, où Sigismond Roi de Boheme comme son Parent fut apellé par Elle. Ce Prince étant aussi allié aux Piastes par les Femmes, y vient, s'empare de Cracovie, met tout à feu & à sang, meurt cependant sans finir la guerre. Les Polonois proposerent ensuite la Couronne ne à Venceslas Fils de Sigismond, à condition qu'il epousât Rixe Fille de Premislas, ce qu'il n'avoit garde de refuſer. C'eſt ainſi que la maiſon de Piaſte fut interrompuë par un Etranger.

Après la mort de Venceslas, Vladislas tente de ravoir la Couronne, un parti ſe range du côté de Henri Prince de Glogau, l'autre s'attache à Boleslas Prince d'Oppelen. Jean Fils de Sigismond Roi de Boheme ſe mit auſſi ſur les rangs. Vladislas le Cubiculaire emporte à la fin pour la troiſieme fois la Couronne. Or pendant ſes trois Regnes on ne ſçauroit comprendre la forme du gouvernement qui ſubſiſtoit alors en Pologne, car dans les troubles de la guerre civile & inteſtine les loix ne pouvoient pas étre exactement obſervées, ni les Elections prendre leur cours ordinaire, cependant encore dans ces ſciſſions la Nobleſſe donnoit le poids à l'elevation d'un Prince.

Dans les tems plus recens l'on s'apperçoit que les Polonois avoient encore plus de pouvoir à remettre à leurs Maitres les Marques Royales, & à les en priver pour des raiſons réelles & non puisées dans la malice.

Caſimir Fils de Vladislas fit avec la Republique des *Pacta* ou conventions. Il renou-

renouvella les anciennes libertés qui par les guerres civiles étoient en partie enfraintes en partie oubliées, il redigea en ordre les loix & en fit un Code que l'on apelle STATUT qui fut aprouvé & affermi à la Diete de Wislica. Par ce Traitté il donne à connoître qu'il fit des reglemens aussi avantageux à la nation en reconnoissance d'en avoir été elu Roi. Cela prouve evidemment que de Princes voulant regner en Pologne il falloit qu'ils fissent des conventions avec la noblesse, qu'ils confirmassent ses libertés, & y ajoûtassent de nouveaux Privileges, coûtume qui s'y pratique encore de nos jours.

Casimir mourût l'an 1370. A l'Election de Louis d'Anjou, Zemovite de la maison de Piaste aspiroit fortement à la Couronne faisant valoir son droit par ce que depuis quelques siécles la Couronne ornoit les têtes des Piastes. Il gagna Bozenta Archevêque de Gnesne qui à une Assemblée le nomma Roi de Pologne. Ce procedé informe & sans participation de tous les Etats, irrita tellement la nation que l'Archevêque fut declaré perduelle, & Criminel d'Etat, & étant attaqué à Znim une de ses terres, il fut obligé de signer un acte revocatoire de sa nomination.

Louis qui avoit été recommandè à la

 Na-

nation par Casimir lorsqu'il vivoit encore, & par ce qu'il étoit à demi Polonois (car il naquit d'Elisabeth Sòéur de Casimir) emporta la Couronne. Au surplus la liberté qui regnoit alors en Hongrie dont il étoit Roi lui fraya le chemin, & determina pour lui les Polonois qui jaloux de la leur avoient pris de l'ombrage des alliances trop fortes que la maison de Piastes contractoit dans l'Empire. C'est pour cette raison aussi que Boleslas surnommé le Blanc Duc de Cujavie qui descendoit d'un Cousin Germain d'Elisabeth Mere de Louis avec laquelle il étoit issü de Germain fut obligé de ceder la Couronne à ce Prince Etranger.

Louis d'Anjou ne laissa point d'Enfans mâles, Marie sa Fille avoit epousé Sigismond Duc de Brandebourg qui étoit devenu Empereur, & Hedwige fut fiancée à l'Archiduc Guillaume. Louis les recommenda tous deux aux Polonois, mais Sigismond soupconné d'étre auteur du meurtre de Premislas, & odieux à cause de l'emprisonnement de Domarat Gouverneur de la grande Pologne en fut exclu. Zemovite Fils du premier Zemovite mit tout en òéuvre pour se concilier les esprits, & remettre la Couronne dans la maison de Piastes, mais Jagellon Grand Duc

Duc de Litvanie envoya des Ambassadeurs à la Republique, promettant de se faire Chrêtien, & de joindre ses Etats perpetuellement à la Couronne; Les Polonois sur un avantage si réel n'hesitérent pas longtems à prendre leur parti, ils ajoûterent seulement aux propositions de ce Prince, qu'il se determinât à épouser Hedwige cadette de Louis, on envoya de même une Ambassade à cette Princesse, pour lui annoncer que si Elle préferoit Jagellon à Guïllaume, elle seroit acceptée Reine. Hedvige fit tout pour se debarasser d'un Mari qu'on lui destinoit sans qu'on l'en eut consultée, mais il n'y avoit que ce degrez pour monter sur le Trone de Pologne. Elle s'y resolut, & à la Diete de l'Election on statua que le Roy futur seroit obligé de demeurer dans le Royaume. C'est par ce detour secret qu'on a donné l'Exclusion à Sigismond, lequel se presentant aux Portes de Cracovie les trouva barrées.

Après le decès de Jagellon Boleslas Duc de Masovie se mit en concurrence du Trone; Spytko Melsztynski & Dzierzyslaw Rytwianski le proposerent à l'Election, mais le Cardinal Zbignée Olesnicki representa aux Etats la consequence, que si l'on ne vouloit point elire Vladislas Fils de Jagellon il y auroit à craindre que la Litvanie nouvellement incorporée ne se demembrât du Corps de la Republique en faveur de ses anciens Maîtres. C'est par cette considération que prevalût Vladislas Fils de Jagellon tué à la bataille de Varna jadis Dionisipolis.

Casimir Frere du Roi mort crut les coëurs des Polonois tout gagnés, & que le Trone de son Pére & de son Frére lui appartenoit de droit, ses amis l'ont voulu détromper làdessus, mais il leur dit qu'il obtiendroit la Couronne par la voye des armes, cette menace irrita tellement les esprits, que les uns proposérent Frideric Duc de Brandebourg, les autres Boleslas & Vladislas Princes de Masovie & même par le resultat d'un Senatus-Consilium Vincent Primat & Archevêque de Gnesne envoya à Boleslas une nombreuse Ambassade. Alors Casimir a vu qu'il avoit besoin d'appuyer son Election de tout le poids de ses Tresors & de soûmissions pour regagner ceux qu'il avoit méprisés & perdus.

Casimir laissa plusieurs Fils, chacun d'eux après lui tantoit de devenir Roi, Vladislas étoit deja Roi d'Hongrie & avoit une guerre très rude à soûtenir contre les Turcs. La Pologne craignant s'attirer ser un Ennemi si formidable, n'a pas voulu admettre Vladislas à la Couronne. Sigismond son Frére alors Duc de Troppau & de Glogau y aspiroit aussi, mais on elût Alexandre troisieme Frére, encore par la crainte de perdre la Litvanie. La nation cependant ayant representé au nouveau Roi ce qu'elle venoit de faire pour lui, demanda des nouveaux Privileges pour agrandir ses libertés. Ils lui furent accordés & nous en avons un monument dans le *Statutum Alexandrinum*.

A l'Election de Sigismond il n'étoit plus question de son Frére, car Vladislas Roi d'Hongrie & de Boheme envoya son Ambassadeur Carlatti pour remercier les Polonois de leur Couronne & pour leur recommender en sa place Sigismond. Jean Prince d'un rare merite avec Conrad son Frére, deux derniers rejettons de la maison de Piaste encore Mineurs s'y presenterent aussi, mais Sigismond a monté sur le Trone par les vòéux de la Nation. C'est à ce Roi que Charles V. Empereur a accordé le titre de Pére de Rois, PATRIS REGUM, *in Conventu Augustano Warszevicius*.

Sigismond Auguste quoique le dernier de la Tige de Jagellon n'obtint la Couronne de Pologne malgré ses Rivaux entre lesquels Alphonſe Duc de Ferrare & Baſile Czar de Moſcovie furent proposés, qu'en ajoûtant bien des Privileges aux anciennes libertés. En un mot il accorda tout ce qu'on lui a demandé, même le Grand Duché de Litvanie fut eventuellement au cas de la ſterilité du Roi incorporé à jamais à la Couronne, ſans que les Sœurs de Sigismond y euſſent rien à prétendre.

Après l'extinction de la maiſon de Jagellon en la perſonne d'Auguſte, Iwan Baſilewicz Grand Duc de Moſcovie recherchoit la Couronne promettant d'embraſſer la religion Catolique, Jean III. Roi de Svede y aſpiroit auſſi, mais il étoit ſoupconné de Lutheranisme, car il avoit chaſsé les Evêques de ſon Royaume; Firley Palatin de Cracovie propoſoit le Duc de Brandebourg Diſſident, parce qu'il l'étoit lui-même, mais les Zborowski qui avoient été exilés en Tranſylvanie, dirent des merveilles de Battory Prince de Tranſylvanie, qui étant alors en guerre avec les Turcs fut obligé de la pourſuivre. Erneſte Archi-Duc d'Autriche Fils de Maximilien fut auſſi du nombre des Competiteurs de cette Couronne, mais André Durilius Hongrois qui avoit epouſé la Sœur des Zborowski la demanmandoit pour un autre Maximilien Gouverneur d'Hongrie, cette brigue a renversé les projets de deux Candidats Autrichiens. Henri Duc d'Anjou se mit au rang des concurrans, voyant que son Frere Charles Roi de France prenoit ombrage de sa personne. Les Polonois n'ayant en vüe que l'affermissement de leurs Elections prirent celui qui étoit le plus éloigné du païs, pour qu'il ne fut pas appuyé de ses Etats lorsqu'il voudroit constituer un Successeur. Ils firent des conditions avantageuses avec Henri, & l'élûrent Roi; deux Seigneurs Polonois Teczynski & Kostka furent proposés à cette Election, mais aucun d'eux ne se laissa eblouïr de l'éclat de la Couronne, persuadés qu'il fallut à leur Patrie un Prince plus opulent & plus formidable. Ils se contenterent d'étre placés pour un monument éternel dans les constitutions du Royaume comme dignes de regner sur leurs concitoyens.

Henri abdiqua, ayant succedé au Royaume de France après la mort de Charles IX. Battory Duc de Transylvanie se presente, & à cause de son courage & de ses vertus vrayement Royales il obtient la Couronne.

Lors-

Lorsqu'il mourut au regret de tout le Royaume, Theodore Odonowicz Duc de Moſcovie s'adreſſa à la Litvanie, se ſoûmettant d'accomplir toutes les conditions qu'autrefois Jagellon avoit ſtipulées. La maiſon de Zborowski propoſa Maximilien Frére de l'Empereur Rodolphe. Mais Sigismond III. qui dans le tems de trois Elections précedentes s'étoit fait des amis, ayant convaincu la Republique de ſa Religion réellement Catholique, emporta les ſuffrages de cette libre nation.

Sigismond III. ſur la fin de ſon Regne ſe trouvant à Uyazdow près de Varſovie malade ſans eſperance d'en revenir, fit venir Vladislas ſon Fils, & ayant fait mettre deux Couronnes ſur un tabouret, il lui fit entendre premierement tout ce que l'amour paternel lui put inſpirer, & puis lui montrant les deux Couronnes: „tenez (lui dit-il en indiquant celle de Svede,) „celle-ci vous appartient par le droit „de la nature, l'autre (en parlant de celle de Pologne) „vous reſte à gagner par la conciliation des Polonois, & par les amis que „je vous laiſſe.„ Quelque tems après, Vladislas ſçut profiter de l'avis de ſon Pére non obſtant Caſimir ſon Frére qui y faiſoit naître des obſtacles, car Conſtance ſecon-

seconde Femme de Sigismond lui avoit procuré par ses brigues une faction puissante à la Diete de Torn, mais Casimir avant l'acte même de l'Election ceda à son Frere les amis qu'il put avoir & l'aida à monter sur le Trone.

Vladislas ne laissa point de Fils; les Polonois étoient assez embarassés du choix d'un nouveau Roi, le Grand Duc de Moscovie s'y presenta, tantôt en ménaçant, tantôt en promettant de defendre la Pologne contre les Turcs, Tartares & Cosaques, avec lesquels tous ensemble elle avoit alors à demêler, mais Casimir precieuse goutte du sang de Jagellon, digne rejetton de Vasa, & noble reste de la maison de Piaste par les Femmes, representoit un amas de tresors en sa personne. Aussi les Polonois le voulurent garder à tout prix, & lui défererent la Couronne.

Il est à remarquer qu'independamment des Princes Etrangers Competiteurs, Ferdinand Frere de Vladislas & de Casimir se mit au nombre des concurrans, promettant d'eriger en Palatinats les Duchés de Ratibor & d'Opeln, & offrant de tenir la Republique quitte d'un million qu'il lui avoit prété en tems de guerre. Mais Casimir comme il est dit cy-devant reunît tous les vœux en sa faveur.

Loüise de Gonzagues Princesse de Nevers Veuve de Vladislas, du vivant de Casimir son second Epoux fit tout ce qu'elle put pour faire elire le Prince de Condé de la maison de Bourbon son Parent, en esperance de devenir Epouse d'un troisiéme Roi, mais la carriere de la vie ferma le chemin à son ambition. A l'Election suivante Theodor Duc de Moscovie demanda la Couronne pour son Fils Michel, il n'épargna ni prieres, ni promesses, ni ménaces, lui permettant au surplus d'embrasser la Religion Catholique Romaine, mais la maison de PAC une des plus puissantes alors en Litvanie ayant battu les Moscovites à differentes reprises, s'y opposa, l'Empereur voulut soûtenir aussi le Duc de Neubourg, mais la Republique voulant éviter la guerre des Turcs n'avoit pas envie d'un Roi ami de la maison d'Autriche. Charles Duc de Lorraine sollicita le même honeur, mais ses trois Envoyés Ecclesiastiques ayant pris querelle entre eux, renverserent tout ce qu'ils auroient pu effectuer pour leur Prince. Pierre Opalinski Palatin de Kalisz Senateur trés eloquent trouva le moyen de donner l'exclusion à tous à tous les deux Princes Competiteurs sans les offenser, il proposa un Piaste, en nommant Michel Duc Wiszniowiecki Fils de Jeremie Palatin de Russie, dont la memoire étoit encore recente & glorieuse en même tems parmi tous ses Compatriotes. Ainsi Michel son Fils monta sur le Trone de Pologne.

Ce Roi ne laissa pas de posterité d'Eleonore Archi-Duchesse d'Autriche; le fardeau de la Royauté tomba par choix sur Sobieski Grand General des Armées & Marechal de la Couronne. Aussi le soûtint-il avec force & avec eclat par plusieurs celebres victoires des Turcs. Il les défit au nombre de 100000. près de Chocim n'étant encore que Grand General, ce qui lui a valu un suffrage des plus importans à l'aproche de l'Election. Un grand nombre de Candidats s'y déclara, le premier étoit le Frére de Michel Grand Duc de Moscovie, le second George Prince Ragozzy Duc de Transylvanie, troisiéme le Fils de l'Electeur de Brandebourg, quatrieme George Frére du Roi de Dannemarck, auquel la Svede s'opposoit fortement, septieme & huitieme furent les mêmes Ducs de Neübourg & de Lorraine que l'on a vus cy-devant. La Reine Douairiere & la maison de PAC à

cause d'Elle panchoient beaucoup pour ce dernier. Mais le Comte Jablonowski Palatin de Russie fit un discours patetique en faveur de Sobieski. Je raporte ici les paroles de Mr. la BIZARDIERE qui dit pag. 174. „Le Comte Jablonowski Palatin de Russie fit un discours „& remontra que la Reine ayant refusé „l'Epoux qu'on lui avoit presenté la Republique étoit quitte envers elle, qu'on „n'en avoit fait que trop pour la maison „d'Autriche, & pour l'Allemagne, qui „n'avoient jamais apporté rien de bon à „la Pologne, que non obstant les oppositions des Litvaniens qui deshonoroient „la nation par l'exclusion d'un Piaste, il „falloit en elire un, & montrer à toute „la terre que si on avoit choisi des Etrangers, c'avoit été pour eviter la jalousie, „que le choix d'un Polonois auroit fait „naître entre tant de sujets dignes de porter la Couronne, que puisqu'il s'en „trouvoit un, au merite duquel tout le „monde cederoit, il étoit d'avis de l'elire. „Il nomma aussi-tôt Jean Sobieski, dont „la vie avoit été entierement devouée au „service de l'Etat qui jouïssoit tranquillement à l'heure qu'il parloit des fruits „de sa derniere Victoire, & que cet avantage n'étoit qu'un prélude du bon-
„heur

heur que les autres attireroient sur le„ Royaume, enfin que la Couronne étoit„ duë par reconnoissance à celui qui met-„ toit la Republique en état d'en pouvoir„ disposer, „ Ce que confirme aussi LODEF. LENGNICH *Hist. Polon. pag.* 245.

L'Election après celle de Sobieski n'a eu que deux puissants Candidats Frideric Auguste Electeur de Saxe, & le Prince de Conti de la maison de Bourbon. La Reine Douairiere à la verité y pensoit aussi, car Elle dit au Grand General Jablonowski, „Monsieur vous avez l'Ar-„ „mée & moy j'ai de l'argent„ comme cela se voit dans le livre de ZALUSKI Evêque de Varmie; mais Jablonowski Castellan de Cracovie & Grand General des Armées proposa Jaques Prince Royal. Le Palatinat de Cracovie & celui de Russie proclamerent aussi tot *vive & vive Jacques;* mais lorsque le Primat eut nommé le Prince de Conti les Palatinats se separerent en deux corps. Les uns voyant l'exclusion des Enfans de Sobieski le lendemain avec la moitié de grands & plus d'un tiers de noblesse se rangerent du côté de l'Electeur de Saxe. Ainsi l'Evêque de Cujavie avec qui étoit Jablonowski nomma à 6. heures du matin Auguste II. Electeur de Saxe. Le Grand General endonna le signal à la noblesse assise à Cheval en jettant son bonnet en l'air & proclamant *vive Auguste*, la noblesse aussi redoubla les acclamations. On est allé ensuite à la Cathedrale pour y chanter le *Te Deum*. Le Primat de son côté l'a fait aussi avec les autres pour le Prince de Conti dans l'Eglise de la Mission à la Ste Croix, la Cathedrale ayant été fermée après la premiere Action de graces. On envoya à Auguste le Comte Jablonowki Palatin de Russie en qualité d'Ambassadeur pour luy annoncer son Election, & pour le recevoir sur la frontiere du Royaume.

Après la mort d'Auguste II. il s'est formé deux forts partis dans la Republique, l'un pour le Roi Stanislas Leszczynski l'autre pour Auguste III. Fils d'Auguste II. Les Polonois après trois années de guerre se réunirent pour Auguste qui regne paisiblement de nos jours.

LA SECTION précedente a tant de liaison avec celleci qu'on auroit du n'en faire qu' une, mais pour faciliter les matieres serieuses que je traitte dans cette premiere partie, malgrè les faits qui ont entre eux un même rapport j'ai jugé à propos d'en faire un second Article. Au surplus ceux qui veulent en être instruits plus au long peuvent consulter un livre qui

qui ne traitte que de cela & a pour titre, *Polonia nunquam tributaria.* Quant au sujet dont il est question ici : j'ose dire sans en tirer vanité qu'aucun Auteur n'a travaillé à circonstancier toutes les revolutions des Elections comme je l'ai fait ici pour satisfaire mon curieux Lecteur.

On pourroit encore m'objecter, que les Rois de Pologne prenoient autrefois entre autres titres celui de Seigneur & Heritier. Je repons que le mot de Seigneur sonne en Polonois *Pan* qui veut dire la même chose que Grand du Royaume, la qualité de Seigneur est plûtôt affectée à une marque de distinction qu'à un pouvoir particulier. Aujourd'hui on donne ce titre là en Pologne à tous les Personnages distingués dans la Republique. Quant à celui d'Heritier, il faut observer que tous les Princes de la maison de Piaste avoient leurs patrimoines ou appanages, & quand ils vouloient marquer ce qu'ils tenoient en Advitalité seulement, & dont ils pouvoient entierement disposer leur vie durant, ils mettoient au bout de leurs titres N. Seigneur & Heritier. Au surplus il est à considerer que les Rois de Pologne anciennement étoient Maitres absolus des conquêtes qu'ils faisoient sur leurs Ennemis, moyen-

moyennant quoi une Province nouvellement aquiſe faiſoit partie des leurs titres, & étoit miſe en dernier comme Domaine propre du Roi. Un tel privilege ne derogeoit en rien aux prerogatives d'un Etat Electif. Les Rois de la maiſon de Jagellon finiſſoient leurs titres par Seigneur & Heritier, mais ce ne fut relatif qu' au Grand Duché de Litvanie dont ils furent jadis Maitres abſolus, mais jamais de la Pologne, puisque le premier Prince de cette puiſſante Maiſon en fut elu Roi avec toutes les ſolennités requiſes pour une libre Election. Ainſi les titres que portoient nos Rois par exemple *N. Rex Poloniæ, Cracoviæ, Ruſſiæ, Pruſſiæ*, ou bien *Gottorum, Vandalorum*, ou auſſi *Magnus Dux Litvaniæ &c. Dominus & Hæres*, ne regardoient pas le Royaume, car il a été Electif depuis ſon commencement ou depuis Cracus au moins, mais ils indiquoient ſeulement leurs Etats hereditaires, ou conquis, c'eſt à dire quand un Prince avoit ſes propres Etats comme par exemple le Roi d'aujourdhuy.

Je conclus pour détruire tout a fait cette opinion mal examinée, par les paroles de Longin: *Vladislaus Hermannus*, dit il p. 165. *ſcribebatur Dominus & Hæres, Petrus Archiepiſcopus Gneſnenſis munus impendere dene-*

nego-

negatur, quosi decus Regium & fasces homini non Provinciæ tributæ fuissent. Ce même Vladislas a regné encore l'An 1093.

Enfin l'Election des Rois en Pologne a pu étre quelquefois interrompüe par les guerres civiles, comme j'ai fait voir cy-dessus, mais jamais abolie.

SECTION X.

LES INTERETS DE LA POLOGNE ET CEUX DE SE VOISINS PAR RAPPORT A ELLE.

Aprés que nous eumes suffisament demontré que la Pologne n'a jamais connu aucun joug de servitude, & qu'Elle conservoit toûjours ses libertés, don precieux qu'Elle a reçu du Ciel, & soutenu par sa valeur; disons maintenant qu'il est de l'interêt de tous ses Voisins de la maintenir dans son Etat Republicain à jamais, parceque moyennant cela des Princes Etrangers Souverains peuvent devenir des maisons Royales, & joüir des prerogatives dües au sceptre, aussi bien que compter entre leurs Ancêtres des Têtes couronnées.

Il est de leur Interêt de maintenir la Republique libre, car tous ses Voisins joüissent du droit de succession à son préjudice, d'autant que tant par la maison de Piastes que par celle de Jagellons, ou de Vases par les Femmes, ou celle de Sforçe, par-

par les alliances contractées dans diverſes maiſons, pluſieurs grandes Provinces ſe ſont ſeparées du Corps de la Republique dont elles n'auroient jamais été demembrées, ſi la ſucceſſion eut eu cours en Pologne.

Il eſt de l'Interêt des Voiſins de maintenir la Republique *in Statu quo* (car il ne faut pas craindre qu'ils la ſoufrent trop formidable) puiſque telle maiſon qui regneroit en Pologne deſpotiquement formeroit de nouvelles alliances qui ſeroient ſecourables aux uns & nuiſibles aux autres, pendant qu'il eſt fort doux à chacun de ſes Voiſins d'avoir un côté de ſes Etats à l'abri de tout & gardé par le ſeul repos de la Republique.

Il eſt encore de leur interêt de laiſſer la Republique dans ſes droits, car un Roi de Pologne eſt un pauvre Prince hors de ſon Royaume, mais le plus riche dans ſon païs. C'eſt ainſi que le prouve le fameux Comte de ZALUSKI.

SECTION XI.

REFUTATION DE QUELQUES AUTEURS ETRANGERS.

Il m'a été impoſſible avant de donner l'hiſtoire du Royaume de Pologne la plus veritable de toucher & d'attaquer directement quelques Autheurs, comme je le fais ici, cependant ne voulant pas être ennuyeux, je ne m'y arrêterai qu'autant qu'il ſera indiſpenſablement neceſſaire, ſans leur chercher chicane ſur de moindres minuties.

Je commence par le Sr. Audiferet comme Auteur d'une Hiſtoire Geographique univerſelle.

Il commence ſon Chapitre VIII. par dire ; „La Pologne a été anciennement comprise partie dans la Germanie, partie „dans la Sarmatie Européenne. „ Je dis que la Pologne n'a jamais été anciennement compriſe dans la Germanie, car de premiers limites la Viſtule les ſeparoit, & ce n'eſt que Lechus qui depuis la Viſtule jusqu'à l'Oder ayant fait des conquêtes en eloigna les confins.

Puis

Puis faisant la division des demeures des peuples il saute ou plûtôt il voltige en parlant du Palatinat de Rawa jusqu'aux Tatres; le reste de demeures des peuples divers est à peuprès ménagé du même compas de proportion, car entre les peuples Onianimiens habitans du même Palatinat jusqu'aux Tatres en s'oubliant il place les Ariens, les Didunes, les Elisiens, à la verité ces trois Palatinats de Masovie, de Cracovie & de Sandomir separent le Palatinat de Rawa d'avec les Tatres; mais voici une division des peuples de la Sarmatie un peu plus metodiquement arrangée. Il n'est pas étonnant que je veüille étre un examinateur rigide des nations qui ont habité ma Patrie, pour satisfaire àla curiosité de mes Concitoyens.

La plus remarquable nation de la Sarmatie furent les Venedes, par ce qu'ils occupoient toute la côte de la mer Baltique. Sur le Tyras les Tyraides, les Peucins, les Bastarnes; Vers la Meotide, les Jagevings, dont étoit la Capitale Jazy ou Jassy, les Roxolans, les Metanastes, les Gettes, & entre eux les Amadoxes Scythes. Les Provinces plus particulieres sur tout vers la Vistule ont été sous les Venedes, les Gittons, les Pinnes, près d'eux les Bu-

Bulanes plus conſiderables, ſous lesquels étoient les Plinigundions & les Avares à la ſource de la Viſtule un peu plus forts, desquels dependoient les Ombrons, les Anatraphraotes, les Bourguignons, les Arſietes, les Saboroves, & les Puningites, outre ces Nations vers l'Orient il y a eu beaucoup d'autres peuples dependans encore des Venedes, les Galindes, les Studniens, les Stavanes, plus bas les Jagillions, les Ciſtoboques; au delà du Fleuve de la Viſtule habitoient auſſi les Venedes comme je viens de dire, cependant quelques veſtiges nous aprennent qu'auparavant il y a eu des Colonies des Gets ou Gots, delà jusqu'au Tanais il s'étendoit une partie de la Sarmatie vers l'Orient, & une autre vers le Midi jusqu'au Danube, poſterieurement les Mannes & les Phinnes ont paſſé habiter le Païs de ſur le Niemen. Les Carins où eſt la Pomeranie.

Quant aux Provinces particulieres nous avons ſuivi Tacite & quelques autres auteurs claſſiques dans la Section VI. de l'Idée de l'ancienne Pologne.

Pag. 416. On lit un nom defiguré (comme bien des Palatinats & des Caſtelanats ne ſont pas non plus reconnoiſſables par les Gens de la Nation) d'un certain General

ral des Cosaques à qui le Roi Michel a voulu donner (dit-il) le Chateau de Lowicz. Personne ne traitte plus au long que le Comte de Zaluski Chancelier de la Couronne de Cosaques rebelles. Il n'en nomme que deux Doroszenko & Hanenko, auxquels on a envoyé des Commissaires à Ostrog, mais jamais avec des propositions pareilles. Lowicz est un Château que le Duc de Masovie Conrade pour avoir fait tuer un Chanoine nommé Czapla a été obligé de donner à l'Archevêque de Gnesne pour être quitte d'une excommunication. Les biens Ecclesiastiques en Pologne sont immüables, & dans la Maison de Wisniowiecki il y a eu des Rois toûjours fort zelés pour la Religion, comme l'étoit Sigismond Roi de Boheme, & le Roi Michel, Princes trop pieux pour faire quelque tort à l'Etat Ecclesiastique.

Pag 417 Il y a l'Evêque de Posne & un autre Suffragan de Gnesne.

Pag. 420 La Comté de Scepuse a été donné en dote par Boleslas Pere de Judith à Etienne Fils aîné de Colomanne, & a été depuis engagée par Sigismond Roi d'Hongrie, à Vladislas Roi de Pologne l'année 1412. en la somme de 80. mille Ecus, à condition, que s'ils n'étoient pas rendus dans un an, la somme seroit double

ble, & si elle n'étoit pas encore payée dans deux ans, elle seroit triple, & ainsi consecutivement. Ainsi voila le droit veritable en vertu duquel la moitié de la Comté de Scepuse est oberrée à la Pologne, & non pas de la façon qu'il le rapporte.

Pag 420. Il y a trois Russies, la rouge, noire, & blanche, la rouge est apellée à cause de l'abondance d'une herbe qui teint en rouge, dont se servent presque toutes les Femmes pour teindre leurs voiles. Cette herbe vient au mois de Juin, c'est pourquoi ce mois est apellé CZERWIEC portant le nom de l'herbe & non pas des cheveux roux, le sexe y étant le plus beau du Royaume.

L'Angleterre à cette occasion devroit prendre le nom qu'on prête à la Russie, car les blondes y approchent bien plus de la couleur rousse que les brunes, tein qui est le plus commun parmi la lie du peuple.

La Russie noire se nomme ainsi à cause de la quantité de bois & de la fameuse forêt noire, & non à cause des forges desquelles toute la Pologne est également partagée, la Russie blanche se nomme ainsi à cause de la quantité de pelisses de mouton blanc, vêtement ordinaire du peuple, &

& parceque d'aucun autre païs les fourures ne sortent aussi blanches, Loups, Renards, Chiens sauvages, Lievres & Ours, & non pour la raison qu'il donne des néiges, la Pologne en abondant par tout.

Pag. 400. Le Roi Sigismond Auguste a eu pour Femmes 1. Elisabeth Sòéur de Ferdinand I. 2. Barbe Princesse de Radziwill Veuve de Gastold Palatin de Troki, 3. la Sòéur de la précedente, Veuve de François Duc de Mantoue, & non pas celles qu'il lui donne.

Pag. 401. Apparament les rentes des Rois de Pologne sont augmentées depuis, car ils ont présentement deux millions cent trente & quelque mille Tinphes dont la valeur est d'une livre & d'un tiers de livre.

Pag. 408. Il dit qu'il y a trois loix établies pour la succession; je repons qu' elles n'ont été ni fondamentales ni continuées sans interruption plusieurs fois reiterée; Pour repondre à la premiere, nous avons à y opposer la maison de Lechus qui a regné un siécle & demi, la maison de de Cracus qui gouverna le Royaume pendant quelques années, la maison de Piaste qui a eu les rennes du gouvernement au delà de cinq siécles, la maison de Jagellon plus de deux ſiécles & demi, Maiſons qui n'ont pas été étrangeres, mais priſes du ſein de la Pologne & elevées au Trone. A la ſeconde je dis que les Princes de Sileſie & de Maſovie étoient de la maiſon de Piaſtes & trés proches Parens, tandis qu'ils voioient le Trone de leurs Ancêtres occupé par des Princes Etrangers, & les Enfans du Roi Jean III. ſe virent auſſi depouillés du Sceptre & de la Couronne. L'excluſion de Piaſte ne s'eſt faite qu'à meſure que la neceſſité l'exigeoit, mais au ſecond Interregne elle tomba d'elle même.

Pag. 24. Trebowla eſt un diſtrict de la terre de Halicz Palatinat de Ruſſie, & non comme il le nomme.

Lucko n'a jamais paſſé pour un Palatinat, mais la Volhynie fut une province partagée en Palatinats relevant de la Litvanie & de la Ruſſie. Mais il n'y a de Caſtelan ni de Lucko, ni de Vlodimir, ni de Krzemieniec, qu'un ſeul de Volhynie.

Pag. 430. Toutes ces Villes, Kiiow, Stayki, Trechtymirow, Drzypol, Kaniow ſont en deçà du Dniepr, qui eſt toûjours apellé Nieper, comme le Dnieſtr, Nieſtr; Korſun a toûjours été aux Polonois,

nois, qui eſt un Gouvernement dans ma poſſeſſion.

Les Iles de Zaporohy ſont autrement apellées les 13. fameuſes cataractes.

Pag. 431. Le Territoire de Chelm enclavé entre le Palatinat de Volhynie & de Belz n'eſt qu'un Caſtellanat de tout tems.

Pag. 432. Les anciens Prutens ou Brutens n'ont jamais été peuple de la Scythie, mais ils habitoient la Pruſſe après la ſortie des Gots qui ont été peuple de la Scythie, comme dit CROMER, BIELSKI, MIECHOVITE & les *Annales de la Pruſſe;* voici ce qui a fait confuſion dans quelques opinions particulieres, qu'avant les Prutens les Gots l'habitoient qui étoient peuple de la Scythie, après la ſortie deſquels les Slaves & les Venedes s'en ſont emparés. Prutens ou Borutens ont pris le nom d'un de leurs Rois *Brutens* qui commençoit à être un peu connu, & qui à cauſe de ſon âge a abdiqué en faveur de Vedenute, celui fut un Prince trés éclairé, aimé de ſes ſujets & redoutable à tous les Royaumes. Ce même ayant eu pluſieurs Fils partagea entre eux le Royaume en Appanages, & à cauſe de la memoire de leur Patrie anci-

Gvagnius pag. 2.

ancienne il nomma un de ceux *Slawo* en Polonois, comme qui diroit le *Glorieux*, voulant transmettre ce même nom à la posterité. De plus il en nomma *Slavonie* (d'où il étoit) une des Provinces situées vers la Litvanie; sa posterité dura bien long-tems; car Longin dit: *tenuerunt eret Principes antiquorum Prutenorum genus. &c.* Ce même nom Venedutius fait voir, qu'il tient quelque chose des Venedes qui étoient Slaves, & Slaves Sarmates. La Michalovie n'a jamais été apellée du nom d'un des Fils, car il n'y a pas eu alors de Prince de ce nom. Broten Frere de Venedutius a été Roi, & non que cette parole ait du signifier en leur langue un ROI.

Pag. 432.

Pag. 434. Conrade Prince de Masovie n'est marqué dans aucun auteur Polonois d'avoir été en Personne à Rome pour y implorer du secours, ni la Prusse n'a été donnée aux Chevaliers Teutoniques par le Pape ni par l'Empereur, car voici ce que dit GVAGNIN: *Conradus Masoviæ Princeps à Prutenis Gentilibus variis excursionibus infestatus, ad Imperatorem Fridericum II. Legatos destinavit, implorando auxilio contra Infideles, qui libenter Fratres Ordinis*

Pag. 6.

dinis Teutonici à Saracenis pulsos misit, 20000. *quibus Princeps Masoviæ Culmensem terram donavit imprimis cum arce Drobiczynensi, hac conditione, ut tempore necessitatis, subsidium sibi contrà Infideles ferrent; Prussiamque subjugatam insimul partirentur*, & dans la page suivante il fait voir que les Polonois l'ont eüe; *Prussia concessa est*, *Regum Poloniæ*, *Conradique Ducis Masoviæ & non Friderici II. Imperatoris assensu*, *Prussosque Gentiles*, *auxiliô Polonorum ex terra Culmensi ejecerunt*; il falloit donc que l'Empereur permît seulement aux Chevaliers de venir en Prusse pour s'y établir, mais de qui ont ils eu le Païs?

Ayant fini l'Article de la Pologne je remonte aux observations faites dans les autres endroits.

Ayant une fois établi la verité incontestable que les Gots viennent de la Scythie, il semble que la premiere opinion soit revoquée en doute, qui dit que l'on ne sçait pas si les Cymbres ou les Teutons ne sont pas originaires de Jutlande. Pag. 293.

Les Annales de Pologne sont pleins du Regne de Casimir, je ne veux pas revoquer les malheurs deja passés, mais il n'y a pas à douter que le Genie de Ca- Pag. 340.

 simir,

simir n'eut brillé mieux dessous la barette que sous la Couronne qu'il avoit portée. Charles Gustave sans aucun droit fût reconnu Roi par quelques Gentilshomes particuliers, on conçoit delà combien cette reconnoissance a du étre extorquée, mais quoique ce fût de l'Interêt de l'Empereur de donner des Trouppes Auxiliaires à Casimir qui avoit senti tout le poids de la guerre recente, ces trouppes ne sont venües jamais aux mains, mais elles sont memorables chez nous par l'Action près de Mantwy.

Ici pour contenter le Lecteur curieux j'ai tiré du R. P. Niesiecki; la vie de Czarnecki General des Trouppes de Pologne, l'on y voit que les Polonois malheureux au commencement sçûrent s'en vanger après en gagnant des batailles & en forçant des Villes. „Je passe„ dit-il, „sous silence bien des particularités de la jeunesse de Czarniecki, je ne „fais que citer un Auteur Etranger FUL-„DEN qui dit l. 6. *Czarniecki dignissimus* „*omnino inter Sarmatas Heros, libertati Pa-*„*triæ studens, variâ arte, marteque Suecos dein-*„*ceps feriebat.* Premierement l'An 1656. „il défit les Suedois près d'un Bourg nom-„mé Golob: Il a failli de s'emparer de sa per-

„perſone du Roi Charles Guſtaue, qui „s'etoit ſauvé par le ſecours de ſon cheval près de Sendomir; à Jaroslaw il battit entierement ſes trouppes. Alexandre VII. Pape, & Leopold Empereur „luy ont donné des eloges d'un grand „Heros; Il chaſſa enſuite les Svedois de „toute la Pologne, lesquels s'étant retirés en Holſtein notre Czarnecki les en „delogea & ſoumit tout le païs d'Holſtein à Frideric III. Roi de Dannemarck, „il rendit la liberté à la Province de Jutlande. Il a pris l' Ile d' Alten-Sanderbourg & Nortbourg places maritimes „de Dannemarck, ayant paſſé à la nage „pluſieurs bras de Mer avec ſes Compagnons Polonois il a pris d'aſſaut la Ville „de Goldingue & bien d'autres à la vüe & „avec étonnement des Etrangers. Frideric de Dannemarck l'a decoré du Collier de ſon Ordre. Les Moſcovites, n' „ont pas moins ſenti ſon bras puiſſant, „lorsqu' en pluſieurs endroits il les a vaincus, particulierement à Polonka & „Dziesna, & a arraché de leurs mains les „Provinces qu'ils avoient à la faveur des „diviſions des habitans uſurpées ſur les Polonois. Ainſi ce bon Citoyen & Grand Capitaine en a laiſſé un monument eternel à

„fa

„ſa patrie, ayant rendu des ſervices impor- „tans à ſon Roi, & rempli tout le monde „de ſa valeur & de ſa gloire.

Pag. 362. Tous les Auteurs Polonois ſans en excepter pas un ſont d'accord que les Gots ont habité l'embouchûre de la Viſtule, & en Pruſſe bien des monumens l'atteſtent, or comme les Gots ont auſſi habité auparavant la Scandinavie, il faut donc quils ſoient venus par Mer, je ne diſpute pas du nombre & ſur combien de Vaiſſeaux, mais les Gepides ne les ont joints qu'en Pruſſe deja, ainſi JORNANDES a raiſon de dire, qu'ils furent deſcendus ſur les côtes des Ulmigeriens, car c'étoit autrefois une Province de la Pruſſe, & il ſe peut qu'une partie de leur Armée fut retournée après vers le Palus Meotides en Scithye d'où ils étoient ſortis.

Pag. 363. C'eſt en verité dommage de voir un Auteur profond & modeſte par tout, gliſſer à la fin des termes qui ne conviennent pas; les Rois ſe font la guerre, mais ils ne ſe maltraittent pas; il faut ſçavoir que le Statut d'Auguſte en Pologne eſt celui qui a le plus de validité, & ſelon lequel la Pologne depuis qu' il a été arrété & reglé ſe gouverne, un Prince qui a paſſé pour Legislateut ne peut paſſer

nulle

nulle part pour Chimerique, ſans choquer la memoire des Grands, celle des Rois nous doit étre toûjours reſpectable; il eſt donc inutile d'entrer en diſcuſſion des droits ſur la Livonie des Rois de Pologne, la primauté de la moindre Jurisdiction en fait un droit legitime.

Pag. 27. Tom. II. Setidava eſt probablement la Ville de Posne qui changea de nom avant le Roi Miecislas revenu de l'erreur du Paganisme & imbû de la vraïe foy, alors cette Ville a été apellée du nom de la connoiſſance des Slavons en aboliſſant le nom qu'elle portoit jadis. Il ne faut donc pas dire que Stenſow ſoit inconteſtablement Setidawa, la preuve que j'allegue en fait deja la conteſtation, outre çela le bourg de Stenſow peut-étre trés moderne, perſonne ne peut croire non plus que ce ſoit Vladislavie, car il n'y a pas de ville dans toute la Pologne de ce nom.

Pag. 28. Il n'eſt pas certain que ſous les Rugiens il y ait eu des Ulmerugiens, ainſi JORNANDES peut prendre une Province pour une nation, c'eſt á dire une partie pour le tout. GVAGNIN les joint aux Pruſſiens *Liv. 1. pag. 2.*

Liv. I. pag. 12.

Je rapporte le passage de LONGIN tel qu'il se trouve: *Ab eo quoque Russorum Odoacer Ruthenus Stirpem ducens, Romam Urbem Victor ingressus est 475. anno à Theodorico necatus, & Regnum Italiæ à Ruthenis ereptum*, on peut voir clairement que les Herules sont peuples de la Scythie en general, comme les Roxolans & les Bulgars en particulier; aussi lit-on dans PAUL DIACRE que les Vandales, les Gots, les Herules & les Rugiens sont une même nation, ainsi on debrouïlle trés facilement en remontant à leur origine qu'ils sont peuples de la Scythie; & ce même Odoacre Roi des Herules est venu en Italie l'an 475. & non la suivante année. VOYEZ BARONIUS.

Pag. 29. Les Gottons ont été repandus dans toute la Prusse par consequent au delà de la Vistule, une partie de ces Gottons y étoit restée & l'autre retournée dans leur païs après leur defaite par Bellisaire, en second, les Elisiens sont compris en partie dans le Palatinat de Cracovie par SAMSON le Pere. Ainsi il est très constant que la Vistule n'a pas fait de tout têms la barriere des limites, PLINE, PTOLOMEE comptent egalement la Vistule compour fleuve de la Germanie, mais ils ne l'avoüent tout au plus que pour barriere de la Germanie, non pas pour limite, & qu'elle n'en a servi que lorsque les Vandales possedoient le païs qui y touche, ou bien alors que la maison Piastenne fut appanagée de la Silesie & en fit une Province separée.

Le nom de Slavonie est aussi bien corrompu par celui de l'Esclavonie, car les Slaves viennent du mot SLOWO devant être apellés Slaves comme qui voudroit dire *Tenax Verbi.* Danastre a du être apellé Dniestr. Pag. 35.

Pag.36. Je ne dispute pas à Charlemagne une bataille gagnée sur les Polonois, mais aucun auteur ne nous a laissé la moindre memoire qu'ils ayent perdu du païs considerablement, jamais aucune Ville de toutes celles qui sont en grande Pologne n'a connu d'autre maître que toûjours son propre Roi, d'autant plus que le païs n'en a jamais été separé, il est possible comme j'ai deja dit cy-dessus qu'après une défaite on se soit retiré au delà de la Vistule, mais cette partie de la Pologne n'est restée aucun têms considerable à l'Ennemi, pour qu'il ait pu se dire Maître de ce païs & l'avoir à soi toûjours.

Pag. 57. L'Empereur Henri IV. avec Svantopelk Roi de Boheme n'a pas été si heureux contre les Polonois, car le Roi de Boheme blessé a eu de la peine à s'enfuir, il demanderent à l'Empereur la restitution de Glogow qui leur a été enlevé par trahison, ce que l'Empereur ne voulant pas faire, les Polonois à une lieue de Breslau à la pointe du jour lui livrerent bataïlle, la quelle dura jusqu'au soir, mais Boleslas Roi de Pologne voyant le sort douteux sans que la victoire aït voulu se declarer pour l'une ou pour l'autre partie se jetta avec beaucoup de courage & peu de monde dont il estoit assuré de la valeur sur l'ennemi, il l'attaqua en flanc & mît par cet expedient toute l'armée Imperiale en deroute avec leur Prince. Cette action est recitée dans tous les auteurs. Je laisse aux curieux les circonstances de cette bataïlle, mais il est sûr que beaucoup de Noblesse ont dans leurs Armes le souvenir de leur intrepidité, l'endroit où se donna la bataïlle s'apelle PSIE-POLE, après quoi l'Eml'Empereur avoit invité Boleslas de venir à Bamberg, où se désistant de toute pretension, il lui donna sa Sœur Adelhaide pour Femme, & Christine sa Fille à son Fils Vladislas comme cy-dessus.

Pag. 62. C'est une erreur qui donne une fort mauvaise impression aux Gens qui veulent aprendre l'histoire, que d'attribuer à quelque Prince un fait qui appartient à un autre, c'est entre Boleslas & Vladislas Fréres qu'étoit la dispute pour la Couronne, & non Miecislas. Conrade Empereur trouva les raisons valables de Boleslas, l'on ne peut assûrer que Vladislas eut été remis à sa place, car CROMERE dit, que l'autre s'excusa net, qu'il ne lui pouvoit pas restituer le droit de regner. Liv. 6. pag. 100.

Nous suivons aussi un autre ordre de la suite des Princes qui ont gouverné le Royaume, car la sienne est un peu alterée. D'ailleurs le livre de Mr. Audiferet étant d'une science aussi vaste il ne sçauroit avoir cette supreme science de ne pas étre infaillible en quelque endroit, autrement les petits ouvrages erronés sont impardonnables. Peut-étre cet auteur est puni pour avoir meprisé les autres, car voici ce que Mr. Bigagnol de la Force rapporta aussi de lui dans sa nouvelle description de la France, dans l'article de la Ville de Vannes *pag. 340.* en ces mots: „ Je sçai „bien que Mr. Audiferet traitte d'igno„rans tous ceux qui ont pris les Venetes „pour Fondateurs de Venise, mais s'il „avoit lu le passage de Strabon, peut-é„tre qu'il auroit apris de lui à ne pas se „servir si liberalement de cette qualifica„tion. „

Pag. 149. Les Gots faisoient la guerre aux Gepides & aux Vandales; outre les alliances continuelles que les Vandales faisoient avec les Gots, comme Enfans du même sein, en les souffrant passer & repasser la Vistule, il est impossible que les Gots eussent fait la guerre aux Gepides, car les Gepides étoient avec eux une même nation absolument, comme BIELSKI l'assure, mais voulant eviter l'incommodité qu'aportoit une si grande quantité de monde de se trouver ensemble, une partie des Gots se détacha, & ne vint en Prusse qu'après que les premiers Gots s'avancerent plus loin, c'est pourquoi ils furent apellés Gepides qui en leur langue veut dire *paresseux*.

Pag.

Pag. 284 Tom. II. La diviſion des Provinces, Dioceſes, Metropoles de Mr. LE DU-PIN eſt prolixe & trés bien détaillée, mais il ſoumet avec un peu d'ancre aux Romains ce que la valeur la plus redoutable de leurs Generaux & de leurs propres armes pendant tant de ſiécles n'a pu leur donner. Il ſoûmet la Scythie au Prefét d'Orient, où les Romains avoient autant de droit que la Moſcovie en a à la Pologne, & je ne ſçai qui eſt celuy qui pourroit avancer après lui que les Romains euſſent ſubjugué les Scythes, ſi ce n'eſt pour augmenter les titres d'une Republique glorieuſe de tant de victoires, ou comme les Senateurs Polonois font qui pour s'aprocher de plus hautes charges prennent d'avance les titres de Palatin de Kiiovie, de Smolensk, de Czerniechow, de Livonie, moyennant quoi ils ont un grade pour les Palatinats ſuperieurs ; heureuſement la Sarmatie échappe de ſon partage.

Pag. 80. Mr. LE DU-PIN a outre cela deux erreurs eſſentielles, l'une dans ſa table Chronologique, & l'autre dans celle des matieres, il cite l'Invaſion de l'Illirie par les Eſclavons ſous le Regne de Juſtinien

ſtinien ſans en parler dans ſon hiſtoire, & il renvoit de la table des matieres à la *pag. 160.* ſans en parler que ſous le Regne de Dagobert; il fait encore des fautes plus remarquables en parlant des Eſclavons „cette nation „ dit-il „ habitoit la„ „Sarmatie Européenne, aujourdhuy nom„mée la Pruſſe, avec le têms Elle s'eten„dit „examinons d'abord ce point de fauſſe ſuppoſition, la Sarmatie Européenne a été de tout têms ſituée depuis le Fleuve Tanais ou Don jusqu'à la Viſtule ou ancien Vandalus, le Don la ſéparoit de la Scythie que l'on nommoit la Sarmatie Aſiatique, & pour cette difference l'autre fut apellée Européenne, or après tant d'invaſions des peuples differens, les Sarmates ſont venus auſſi du Pont Euxin & au delà, & ſe mirent en poſſeſſion de ces vaſtes campagnes où eſt aujourdhuy la Pologne, entre eux les plus forts étoient les Slaves ou Eſclavons avec les Venedis, ces derniers ſe mirent avec le têms en poſſeſſion de la Pruſſe après la ſortie des Gots. Ainſi les Venedes Province de la Sarmatie habitoient la Pruſſe, mais ils n'en étoient pas anciennement originaires; c'eſt une faute groſſiere, peut-être en ferois-je de pareilles, ſi je m'aviſois de par-

parler hardiment de la Chine. Parmi ces Slaves & Venedes il y a eu des Avares, mais ils ne commandoient pas aux Slaves, car ils l'étoient eux mêmes, les Bulgares étoient encore une autre Province differente & qui obeissoit au Roi des Avares, car plusieurs Provinces faisoient ûn même Corps.

Pag. 120. Ce n'est que la page suivante & non la que je trouve le Roi des Sarmates soumis à Dagobert; il se peut que ce fut le fameux Marchand SAMON natif François qui reconnut son Roi par la seule crainte qui est naturelle dans chaque sujet pour son Monarque, mais j'ai parlé autre part de cette poignée des Sarmates vagabonds dont SAMON fut le chef, mais au delà de la Vistule qui fut le coéur de la Sarmatie on n'a jamais oüi parler d'aucun Etranger alors, à plus forte raison Souverain de ce peuple feroce.

Pag. 264. Les cinq Dinasties des Ducs de Pologne sont faites à plaisir, comme l'histoire de Janibule qui composa un livre des merveïlles de l'Ocean sans l'avoir jamais vû. Lech, Lescus, Leszek, est un nom comme qui diroit Jagellon, en par-

lant

lant du Pére, & Jagellonides du Fils, cela fut une famille, soit par les Femmes, ou autrement, mais les noms changés. Quant à celle des Cochides, je ne sçai quelle tête l'a enfantée, car aucun des Rois de Pologne n'en a été, pour Miecislas, je renvois le Lecteur à sa vie.

Pag 48. du 5 Tom. Aucun Bretislas n'a jamais été Roi de Pologne, ni dans la Famille de Jagellon, ni dans celle de Piąste.

Pag. 127. Il dit qu'un nommé Loche a dû heriter du Royaume, sçavoir si auparavant il a été au monde.

Alexandre Roi de Pologne auparavant Duc de Litvanie & non de Livonie succeda à son Frére Jean Albert, & non à son Pere Casimir; Ladislas son Frere ainé Prince Roïal de Pologne devenu Roi de Boheme & d'Hongrie par Election, eut Louis, & Sigismond Auguste fut le Fils de Sigismond I.

ALBE ROYALE veut dire du Latin en François *Belgrade*, car cela vient du mot Slavon *Bialogrod* comme qui diroit

Ville

Ville entourée des murailles blanches comme Mont-Castro. Mais il y a un autre Bialogrod, qui est aujourdhuy Capitale des Tartares Bialgrodes située à l'Embouchûre du Dniepr.

Pag. 167. Miecislas est un nom comme qui diroit *fameux par l'Epée*, & ce Prince a été Piaste comme Vladislas aussi, sans être tous deux derniers de la Famille, la maison Piastenne même avoit long-têms aprés toute la Silesie divisée entre eux. Voyez en les monumens qui y paroissent encore.

Pag. 228. L'Histoire de Zamoyski est trés veritable en y changeant seulement le nom de Rodolphe en celui de Maximilien, car tout est arrivé à Maximilien & non pas à l'autre.

Je passe sous silence les noms écorchés où l'on ne connoit rien, & je laisse le soin aux gens des autres païs de corriger les autres erreurs qui les regardent.

Je me dispense d'entrer en plus grand détail des differens Auteurs qui ont écrit l'histoire de Pologne, j'y trouverois assez à redire, mais les preuves cy-deſſus font aſſez voir les fautes par leſquelles ils defigurent la plupart de nos faſtes, & le tort qu'ils font à leur reputation; Je crains d'ennuyer le Lecteur de l'examen des faits qu'ils ont contrefaits dans leurs ouvrages, d'autant plus, que je tâcherai d'en donner une aſſez exacte connoiſſance au Tome ſuivant où je traitte l'hiſtoire des Rois de Pologne.

SINUS CODANUS
Saxones
Angli
Eudoses
Varini
Rugii
Lemovii
Venedi
Aestii
Gothones
Longobardi
Semnones
Teutoburgum
CHATTI
LYGI
Naharvali
Marsigni
Castella
Burii
Jazyges Sarmatæ
Carrodunum
Marobodum
Casurgis
Gothini
Carnutes
Danubius
Vindobona
Carnuntum
Bregetio
Petrodava
Cetius Mons
ANTONINUS AUG PIUS
REX QUADIS DAT

www.ingramcontent.com/pod-product-compliance
Ingram Content Group UK Ltd.
Pitfield, Milton Keynes, MK11 3LW, UK
UKHW021825190726
13853UKWH00003B/1192